# VIE PRO, VIE PERSO

## Enfin l'équilibre pour les parents !

*À Amaury, Isaure, Achille et Jacques*

Estelle Dufétel

# VIE PRO, VIE PERSO

## Enfin l'équilibre pour les parents !

MANGO
éditions

# SOMMAIRE

# INTRODUCTION

**Vous êtes maintenant parent !**

Votre vie a basculé et maintenant vous souhaitez trouver un équilibre optimal entre vie privée et vie professionnelle. Il y a des clés pour devenir acteur de ses différents temps de vie. Ce guide a pour vocation de vous aider à trouver ces fameuses clés, celles qui VOUS correspondent et qui correspondent à l'équilibre que VOUS voulez atteindre !

**Avant de commencer, juste un petit mot sur l'histoire de ce livre :**

Cet ouvrage est né à l'occasion d'une belle rencontre entre deux entrepreneuses coachs et mamans : Cécile Schneider, avec laquelle j'ai coécrit un premier livre, *Métro, boulot, petits pots*[1], et moi-même. Ensuite, Cécile a décidé de rejoindre à nouveau le monde de l'entreprise. J'ai alors décidé d'oser entreprendre cet ouvrage « seule », enfin non… avec vous, les parents actifs !

**Et quelques mots sur mon parcours :**

Après plus de 15 ans en entreprise, juriste, puis manager dans les ressources humaines, je me suis retrouvée avec deux casquettes. La casquette RH, que je maîtrisais bien, et une nouvelle casquette, celle de Maman, inconnue celle-là. Alors que j'avais tout le soutien de mon conjoint et celui de managers plutôt compréhensifs, je ne vivais pourtant pas très bien cette situation : j'avais l'impression de ne pas avoir assez bien anticipé ni communiqué avant mon départ en congé maternité et que cela avait des conséquences sur mon évolution de carrière. Je me sentais également tiraillée entre ma vie professionnelle et ma vie familiale. La casquette de femme n'avait d'ailleurs quasiment pas de place.

1. *Métro, boulot, petits pots ! ou comment conjuguer vie pro et vie perso*, Mango, 2017.

Trois enfants plus tard, il n'est pas exagéré de dire que le sujet de la conciliation vie professionnelle/vie personnelle – et plus particulièrement cette question de savoir comment *booster* son départ et son retour de congé maternité/parental – me passionne. C'est la raison pour laquelle j'ai fondé, en 2014, sur la thématique carrière et parentalité, un centre de formation et de coaching : *Bboosstt* qui a déjà accompagné plus de 2 500 parents salariés (hommes et femmes), en France et dans plusieurs pays d'Europe. Ce sujet est pour moi universel et intemporel.

Femme active, entrepreneuse, maman, coach pour qui l'équilibre vie pro/vie perso est au cœur de ma démarche... c'est avec joie que j'ai entrepris d'écrire ce nouveau livre. Il a pour vocation de démontrer que devenir parent (et de manière plus marquée, devenir mère) est loin d'être synonyme de fin de carrière. Pour répondre au mieux à vos attentes, j'ai lancé une consultation à laquelle vous avez été très nombreux à répondre. Merci ! Ce livre vous est donc dédié, à vous, les parents d'exception... Car oui, il en faut du talent et du courage pour chercher et trouver ce juste équilibre !

J'ai aussi écrit ce livre en pensant à ma mère, à son courage, elle qui m'a montré la voie de l'équilibre entre carrière et maternité.

Je pense également à mes trois enfants car je ne peux que ressentir ce sentiment de culpabilité de reprendre l'écriture de ce beau manuscrit – en plus de tout le reste – alors qu'ils sont encore si jeunes... Le syndrome de « la mère parfaite » me revient façon boomerang... Mais ils ont l'air de s'amuser avec la baby-sitter, petits anges, et ne semblent pas m'en vouloir... Je peux donc recommencer !

**Voici mes deux objectifs :**

- vous transmettre conseils et astuces pour une harmonie professionnelle et personnelle lorsque l'on devient parent et que l'on travaille ;
- vous accompagner dans votre développement personnel et professionnel au profit de l'équilibre que vous aurez décidé de mettre en place, en pleine conscience.

Un des fondamentaux de mon travail de coach est l'approche globale Tête/Cœur/Corps. Qu'est-ce que cela signifie ? Ces trois dimensions représentent les trois « batteries » que nous avons à notre disposition pour appréhender le monde :

- la batterie « Tête » vous permet d'avoir recours à votre mental pour interagir avec ce qui vous entoure, en vous appuyant sur vos connaissances ;
- s'appuyer sur votre batterie « Cœur », c'est faire appel à vos émotions ;
- et la dimension « Corps » est celle qui vous fait passer à l'action, elle représente le mouvement.

Souvent, nous avons tendance à n'utiliser qu'une seule de ces batteries, celle qui nous correspond le plus, en se privant des deux autres. Afin de vous aider à les utiliser toutes les trois, je vous propose, tout au long de ce guide, mes astuces Tête/Cœur/Corps.

**En piste !**

## PRÉCISION SUR LES QR CODES

J'essaye également d'être une « maman 2.0 ». J'ai donc mis à disposition, dans ce guide, de nombreux exemples de documents : exemples de planning « Qui fait quoi », guide d'entretien pour garde d'enfant à domicile, lettre pour demander un congé parental, etc. Pour accéder à ces informations, il vous suffit de flasher les différents QR Codes. Munissez-vous de votre smartphone, téléchargez une application de lecture de QR Codes si vous ne l'avez pas déjà fait (il en existe des dizaines et elles sont gratuites), visez le QR Code avec votre appareil... et le document cité apparaîtra sur votre écran ! Il s'agit de formulaires PDF, vous pouvez les transférer (sur votre boîte mail, par exemple) et modifier les paramètres personnels avant de les renvoyer ou les imprimer.

# ET SI JE TRANSFORMAIS « PARENTALITÉ » EN « RENAISSANCE PROFESSIONNELLE » ?

# QUELS SONT LES PARADOXES, LES DIFFICULTÉS PRO/PERSO ?

Quand on devient parent, les difficultés les plus courantes peuvent être distinguées avec l'approche Tête/Cœur/Corps.

Côté Tête, la charge mentale s'intensifie. De nouvelles choses s'ajoutent à notre emploi du temps : éveil ou devoirs suivant l'âge des enfants, activités ou loisirs, sorties d'école, repas, lessives, rendez-vous médicaux. Nous sommes souvent encombrés par « les choses à faire.. » ou de nouvelles personnes à rencontrer (pédiatre, nounous, parents d'autres enfants).

Côté Cœur, la culpabilité vis-à-vis de son enfant à travailler, quand on est parent, peut s'installer rapidement. Cette culpabilité (voir page 71) revient également lorsque l'on est au travail et, cette fois, c'est ce que l'on peut ressentir envers nos collègues. On peut avoir du mal à partir plus tôt du travail pour retrouver notre enfant en laissant nos collègues rester plus tard au bureau, alors qu'avant on pouvait faire autrement.

Côté Corps, on peut se sentir épuisé-e par les multiples activités qui viennent s'ajouter à notre emploi du temps. Le manque de sommeil – surtout pour les jeunes parents – contribue également à cette fatigue. Ne pas prendre le temps de s'occuper de soi ou de faire du sport peut également accentuer cet épuisement physique ou mental. Notre corps peut souffrir aussi d'une rapide prise ou perte de poids. On peut avoir tendance à manger davantage lorsque l'on est fatigué, à manger ce qui nous tombe sur la main, car on ne prend pas le temps de cuisiner un « vrai repas ». Inversement, avec l'épuisement général, le travail peut aussi nous faire oublier (ou ne pas nous laisser le temps) de manger.

Nous sommes face à nos propres paradoxes. Il est pourtant urgent d'aller doucement !

Un attachement paradoxal : celui que nous avons envers nos enfants face à l'attachement à notre travail qui nous sépare d'eux pendant de longues heures et *vice versa*.

Paradoxe aussi envers nos envies d'être avec eux mais parfois loin d'eux pour respirer, nous ressourcer et nous retrouver. Nous ne cessons de nous éloigner ou de nous rapprocher d'eux.

Les demandes des enfants et nos demandes sont également contradictoires : d'une part l'envie d'être ensemble, d'autre part un certain besoin d'indépendance – souvent pour permettre à chacun de s'assurer de la solidité du lien qui existe. L'amour parental est le seul amour que nous offrons à un enfant pour lui permettre un jour… de nous quitter.

Le paradoxe parental peut également se traduire par un double message envoyé à nos enfants : alors que nous voulons participer activement à leur développement, à leur autonomie, nous allons en même temps déposer sur eux, en eux, des peurs et des désirs susceptibles de constituer un véritable frein à leur indépendance future.

### Mon point coaching

*Échangez avec un proche concernant tout ce que vous pourriez faire pour avoir encore plus de difficultés dans votre conciliation vie pro et vie perso. Comment faire pire ?*
*De cette approche émanera un certain chaos, qui est justement la toute-puissance de l'approche paradoxale. Une fois le chaos passé, les contradictions posées, vous pourrez transformer ces difficultés en opportunité. Ouvrez le champ des possibles avec « et si je décidais de faire différemment…. » À vous d'en faire quelque chose à présent.*

# QUELLES SONT LES OPPORTUNITÉS ?

## Opportunités professionnelles

Grâce à ma parentalité, je développe mes compétences professionnelles !

### Capacité de décider

Accompagner son enfant à grandir nous oblige également à grandir nous-même. Devenir parent est une étape de la vie qui nous fait prendre de la hauteur sur ce que nous voulons transmettre et ce que nous ne voulons pas pour notre enfant.

Cette étape nous amène à décider de ce qui nous semble juste pour nous et pour notre famille. Nous nous sentons responsables de l'éducation que nous souhaitons transmettre à nos enfants. L'exemplarité nous impose une certaine discipline, afin de proposer un chemin à notre enfant qui nous semble bon. Cette étape nous fait grandir non seulement mentalement, mais également en termes de compétences. En effet, quand on devient parent, on ne cesse de prendre des décisions. Or, savoir décider est une compétence managériale clé !

**Au sujet de votre enfant** : Vous allez décider du mode de garde le plus adapté pour lui et son environnement (voir Annexe, page 162). Ensuite, vous devrez choisir une école, puis savoir s'il faut déménager pour une meilleure « qualité de vie », suivant des critères coconstruits en famille. Le choix des activités extrascolaires sera ensuite fait suivant votre budget et envies. La nourriture, le temps d'écran… ces nouveaux sujets ne cesseront d'évoluer suivant l'âge de vos enfants. Votre capacité d'adaptation, de prise de décisions sera mise à l'épreuve chaque jour, chaque année !

**Au sujet de votre travail** : Décider du rythme de carrière souhaité, du passage à temps partiel ou non. Décider de changer ou non d'entreprise, accepter ou refuser une mobilité, changer de métier ou revenir à votre poste.

**Au niveau personnel** : Vous déciderez de vous faire aider ou non sur certains sujets (garde, devoirs, ménage).

Être parent, c'est également aller puiser dans des **ressources** qui nous sont encore inconnues. Encore des nuits sans sommeil, certes, mais aussi remplies d'une nouvelle énergie.

**POUR LES PARENTS SOLO :** Aller « puiser dans des ressources qui nous sont encore inconnues » doit certainement faire écho. Je repense à ma mère : après avoir arrêté de travailler plus de 10 ans pour suivre son mari, elle a créé sa propre entreprise quand elle s'est retrouvée seule avec ses deux filles à élever. C'est un modèle pour moi. Courage, audace et tenacité sont des compétences qu'elle a particulièrement développées. Lorsqu'un jour, je l'ai accompagnée sur le « terrain » – elle vendait des bijoux dans des comités d'entreprise –, je n'ai pas reconnu ma douce maman, mais j'ai vu une femme qui avait cette posture, cette force et, qui n'avait aucunement peur d'aller vers les gens pour leur vendre ce qu'elle voulait. Devenue elle-même entrepreneuse grâce à ses enfants, elle a su me montrer que tout était possible lorsqu'on s'en donne les moyens.

### *Capacité de s'adapter*

Devenir parent nous permet de développer une compétence clé dans le monde professionnel, c'est la capacité d'adaptation. Cette compétence, nous la développons en permanence, sans forcément nous en rendre compte. Être parent, c'est s'adapter aux besoins de notre ou – nos – enfant-s qui vont être différents et évoluer au fil du temps. Être parent, c'est s'adapter à de nouveaux environnements, tels que les lieux des modes de garde choisis, puis les écoles.

Intégrer une belle-famille avec ses propres codes, ayant transmis à votre partenaire une éducation bien souvent différente de la vôtre, vous conduira à « composer » dans certains cas. Si vous pensez que vous avez dû « faire des compromis », cela signifie plutôt que vous avez développé votre capacité à vous adapter dans un nouvel environnement. Vous avez décidé que tout se passerait le mieux du monde dans ce nouvel environnement, grâce à l'Amour que vous portez à vos enfants (et à votre partenaire, si vous en avez un). Recevoir une éducation différente selon leurs parents peut être enrichissant pour vos enfants ; cela leur permettra à leur tour de s'adapter aux différents environnements auxquels ils seront confrontés.

### Mon point coaching

*Le modèle du DISC de Marston est très intéressant pour développer sa capacité d'adaptation (voir schéma DISC ci-contre). Selon lui, chaque individu se comporte différemment par rapport à son environnement, en fonction de :*

- *la perception qu'il en a : certaines personnes considèrent au premier abord l'environnement hostile (bleu et rouge) et d'autres le considèrent favorable (vert et jaune) ;*
- *l'action que la personne a envers l'environnement : l'accepter tel quel ou agir dessus (Réflexion > Action : bleu et vert).*

## MATRICE DISC DE MARSTON SUR LES COMPORTEMENTS

ENVIRONNEMENT
PERÇU COMME HOSTILE

### BESOIN DE SÉCURITÉ

- Orienté tâches
- Voix : précis, discours plus lent, partage peu ses sentiments
- Corps : posture stricte, contrôlée
- Mots à utiliser : *voilà les faits, prouvez-le, il y a un risque*
- Rigoureux, fiable, planificateur
- Confiance dans le passé (expérience)

**CONFORMITÉ**

### BESOIN DE RÉSULTATS

- Orienté tâches
- Voix : directive, discours rapide
- Corps : regard soutenu, poignée de main ferme
- Mots à utiliser : *gagner/résultat, challenge, maintenant*
- À l'aise dans les rôles d'autorité et prises de décision, confrontation
- Pressé : vit au présent

**DOMINANCE**

ENVIRONNEMENT > JE ⟷ JE > ENVIRONNEMENT

### BESOIN DE SE SENTIR UTILE

- Orienté personnes
- Voix : ferme, chaleureux, peu de volume, discours plus lent, écoute plus qu'il ne parle
- Corps : manifeste de la patience, peu de gestes, posture décontractée
- Mots à utiliser : *allons-y par étape, quelle garantie pour la personne ?*
- Diplomate, coopératif
- Lien entre passé, présent et futur

**STABILITÉ**

### BESOIN DE RECONNAISSANCE

- Orienté personnes
- Voix : variation de ton, sens relationnel
- Corps : actions spontanées, posture détendue
- Mots à utiliser : *plaisir, je le sens bien, pas de problème*
- Convaincant, enthousiaste, nouveauté
- Vision globale
- Porté par les projets : futur

**INFLUENCE**

ENVIRONNEMENT
PERÇU COMME FAVORABLE

*Source : Matrice créée par Rewel, Bboosstt inspirée du modèle TTI SUCCESS INSIGHTS.*

La connaissance de notre comportement naturel est une première clé pour ensuite s'adapter à un autre comportement.

**EXEMPLE :** Si je considère naturellement l'environnement plutôt hostile et que je souhaite agir dessus, mon comportement pourrait avoir tendance à être directif, sec, particulièrement si je suis stressé. Mon moteur sera la colère – envers moi même surtout – pour avancer. Mon besoin est avant tout le résultat.

Le second point, pour bien comprendre ce modèle, est de prendre en compte le besoin de son interlocuteur : ce dernier peut percevoir l'environnement de manière favorable (et non-hostile comme moi) et ne sera pas forcément porté par l'action, mais demeurera plus en réserve pour réfléchir avant d'agir. Le besoin identifié est orienté vers autrui, le collectif. Ces deux comportements peuvent être complémentaires à condition que chacun prenne en compte le besoin de l'autre : la sécurité pour certains, le besoin d'appartenance pour d'autres, le résultat ou, enfin, le besoin de reconnaissance.

### *Mon point coaching*

*Quel est votre besoin lorsque vous êtes sous pression ? Quel comportement en découle ? Une fois votre comportement analysé, essayez de comprendre dans quel cas vous vous êtes adapté.*
*Pensez à un interlocuteur clé dans votre entourage professionnel ou personnel : que pouvez-vous mettre en place pour faire un pas de plus, et satisfaire le besoin de votre interlocuteur ? comment satisfaire également votre besoin ? Osez le formuler : « mon besoin est... ».*

Enfin, s'adapter, c'est aussi savoir improviser, car comme vous le savez, rares sont les fois où tout se passe comme prévu ! Savoir improviser demande une véritable attention au moment présent. Vivre, être à l'écoute de ce qui se joue ici et maintenant est de plus en difficile dans notre société hyperconnectée, où tout va très vite. Pour vous convaincre de l'importance de cette belle compétence que vous ne cessez de développer, chers parents actifs, sachez que selon une étude réalisée en mars 2018 par Pôle emploi, 93 % des recruteurs interrogés considèrent que la capacité à s'adapter est un « *soft skill*[2] » qui influe sur la décision de recruter ou non un profil.

## Mon point coaching

*S'adapter, c'est accepter de perdre le contrôle. Qu'en pensez-vous ?*

.....................................................................................................

.....................................................................................................

.....................................................................................................

.....................................................................................................

.....................................................................................................

## *Savoir saisir des opportunités professionnelles*

Commençons par un chiffre : selon une enquête de grande ampleur sur la parentalité et la vie au travail lancée en France, en 2019, par le Conseil supérieur de l'égalité professionnelle (CSEP) avec l'institut BVA (plus de 37 000 salarié·es, au sein de 10 grandes entreprises ont été consulté·es) 84 % des femmes déclarent que la maternité a un impact négatif sur leur carrière !

D'un autre côté, des femmes comme Nathalie Loiseau, directrice de l'ENA ou Sheryl Sandberg, numéro 2 de Facebook, nous encouragent à « choisir tout[3] ». Savez-vous qu'en France, depuis dix ans, les femmes représentent 30 % des créations d'entreprise et que leur taux de pérennité est supérieur à celui des hommes ? Cinq ans après leur création, 55 % des entreprises (quel que soit le sexe du fondateur) existent toujours. C'est le cas de 60 % des sociétés créées par des femmes. Je présuppose qu'un certain nombre de ces femmes ont des enfants. Il est donc possible de transformer l'arrivée d'un enfant en opportunité pour son développement personnel et professionnel. Mais comment font-elles ?

2. « Compétence douce », ou compétence de base.
3. Selon le titre de l'ouvrage : *Choisissez TOUT*, Nathalie Loiseau, JC Lattès, 2014.

Devenir parent entraîne de fait une rupture dans la vie professionnelle : cela nous permet de prendre du recul par rapport à notre travail, de mettre le doigt sur un dysfonctionnement que l'on ne perçoit pas quand on est tous les jours le nez « dans le guidon », d'avoir la possibilité de revenir avec des innovations, des idées neuves. Les congés maternité et paternité sont donc une formidable opportunité de prise de recul.

Pour ma part, l'idée de créer ma société, *Bboosstt*, a justement émergé à la naissance de ma fille.

## Opportunités pour changer ?

### *Je repense mon projet professionnel*

Réfléchissez à votre projet professionnel : devenir parent et notamment lors du départ et retour de congé maternité/parental/paternité peut être une opportunité pour une mobilité et, pourquoi pas, une reconversion.

Avant toute chose, faites un point sur votre projet professionnel avec votre manager : cette démarche sera bénéfique, quel que soit le projet. Ensuite, si vous n'en n'avez jamais fait, voilà une excellente occasion de réaliser un bilan de compétences (voir page 24) ! Enfin, comme vous avez sans doute pris du recul sur vous-même, c'est peut-être aussi le moment de faire un pas de plus dans votre développement personnel... et pourquoi ne pas vous faire coacher (voir page 24) ?

**Je sollicite un entretien**

Pour celles et ceux qui partent en congé maternité ou parental, je ne peux que reprendre les conseils de Julie : « Pensez à faire une évaluation, ou au moins un point avec votre manager, juste avant de partir en congé maternité, pour graver dans le marbre tout ce qui a été fait et éviter qu'il ait la mémoire courte lors de l'évaluation annuelle après votre retour. »

**Je ne pouvais pas mieux vous conseiller... Au moment de votre départ – ou retour, si vous ne l'avez pas fait – quel que soit le moment de l'année, sollicitez votre responsable pour faire un bilan, une sorte d'entretien annuel.**

**À SAVOIR :** Pour être efficace et s'inscrire dans une réflexion à long terme, cet entretien doit être préparé. Réunissez les dates sur vos réalisations réussies – chiffres à l'appui –, faites un point de vos compétences, mettez en avant celles que vous voudriez développer et présentez vos réflexions sur les évolutions possibles de votre poste. Le temps que vous passerez à cette préparation est une belle illustration de la loi Pareto 20/80 (voir page 113). En effet, vous gagnerez beaucoup de temps pour votre carrière ensuite. L'idée est d'une part de rassurer votre manager, d'autre part d'écrire noir sur blanc vos éventuels souhaits d'évolution professionnelle et/ou salariale.

**Et si je demandais un bilan de compétences ?**

Un bilan de compétences vous permettra :

- d'évaluer et de valoriser votre formation et vos acquis professionnels ;
- de prendre connaissance de vos motivations et de vos intérêts ;
- de construire et de valider un projet réaliste, puis de suivre sa mise en œuvre.

Et surtout de :

- prendre du recul sur votre parcours et sur votre champ d'horizons professionnels ;
- devenir acteur de votre mobilité.

→ **EN PRATIQUE :** Un entretien de découverte vous sera habituellement proposé pour faire connaissance et valider votre démarche volontaire et votre éligibilité au bilan. Six à huit séances sont en général requises – en majorité des entretiens en face-à-face et un entretien de suivi post-bilan.

Bonne nouvelle, le bilan de compétences est entièrement finançable par votre entreprise ou par des organismes collecteurs de type Fongecif, Afdas...

## *C'est le moment de me faire coacher !*

**Qu'est-ce que le coaching ?**

Le coaching peut être défini comme : « une alliance entre le coach et ses clients dans un processus qui suscite chez eux réflexion et créativité, afin de maximiser leur potentiel personnel et professionnel.[4] »

Pour accompagner l'évolution d'une personne, d'une équipe ou d'une organisation, le coach s'appuie sur l'art de la relation qui permet d'entrer en interaction

4. Source : *International Coaching Federation* (ICF). www.coachfederation.fr

avec quelqu'un d'une façon telle qu'il réalise les projets qu'il choisit de mettre en œuvre en transformant, si c'est pertinent, ses attitudes et ses compétences.

Le coaching vous apprendra ainsi à agir différemment, à améliorer vos performances de façon durable et en toute autonomie.

Il y a différents types de coaching : le coaching individuel, le coaching d'organisation et le coaching collectif.

Je développerai uniquement le coaching individuel qui peut s'adresser à nous, parents actifs ! Les objectifs abordés au cours d'un coaching sont divers ; en voici quelques exemples :

- mettre en place une délégation réussie qui permette de se concentrer sur ses missions fondamentales ;
- concilier ses obligations professionnelles et personnelles ;
- exercer ses responsabilités avec davantage d'efficacité ;
- réorienter sa carrière ;
- identifier ses enjeux et être performant plus rapidement dans la prise en main d'un nouveau poste.

Le coaching individuel peut être financé ou non par l'entreprise : cela dépendra de vos responsabilités et de la politique de l'entreprise.

**À quoi ça sert ?**

Un accompagnement par un coach vous permettra d'être plus créatif pour trouver des solutions adaptées à votre personnalité. Le coaching permet d'acquérir de nouvelles compétences, basées notamment sur **le développement personnel.**

Le coaching est directement lié à des objectifs fixés par soi-même pour résoudre un problème ou relever un défi personnel. L'enjeu de l'équilibre vie personnelle/vie professionnelle est parfaitement adapté à ce type de coaching.

Vous pourrez par exemple travailler sur la confiance en vous, votre *leadership*, la gestion du temps, l'orientation de votre projet professionnel. Le coach peut également vous aider à trouver des solutions à des situations ponctuelles (prendre la parole en public lors d'un séminaire, dépasser une crise, sortir d'un conflit, etc.).

→ **EN PRATIQUE :** Il est rare que l'entreprise finance le coût d'un coaching, mais rien ne vous empêche d'oser le financer vous-même. Tout dépend de vos priorités ! Le coût d'un coaching est très variable : la fourchette va en général de 70 à 700 €/h. Ce coût dépend notamment de l'objectif du client, si c'est le particulier ou l'entreprise qui paye, et de l'expérience du coach – certifié ou non.

**À SAVOIR :** Je ne peux que vous conseiller de vous orienter vers un coach certifié par ICF (*International Coach Federation*). Cette certification garantit un niveau de formation et d'expérience du coach qui est ainsi engagé dans un processus de formation continue ; il sera supervisé régulièrement dans sa pratique et devra respecter la charte de déontologie de l'ICF.

**Comment ça se passe ?**

Les séances de coaching ont généralement lieu toutes les trois semaines sur une période de six à neuf mois environ, selon les objectifs du client. Il faut compter entre six et dix séances de coaching. Il existe également un format court avec une séance « *flash coaching* » qui peut répondre à un besoin ponctuel.

**Astuce Cœur**

*Il est préférable de rencontrer plusieurs coachs : vous devez ressentir une certaine affinité avec votre coach dès le premier rendez-vous, sinon, ce n'est pas le bon !*

Le coach exposera ses objectifs, puis un contrat tripartite (entreprise/salarié/coach) ou bipartite (salarié/coach) sera défini en cas de coaching de la personne. À l'issue de l'entretien, le nombre de séances, leur coût et leur durée seront fixés.

**Astuce Tête**

*Contactez le centre de formation et de coaching Bboosstt (www.bboosstt.fr), spécialiste de la question de l'équilibre vie privée/professionnelle, qui pourra vous mettre en relation avec des coachs spécialisés en « carrière et parentalité ».*

## *Et pourquoi pas l'entrepreneuriat ?*

Aujourd'hui, la question de l'entrepreneuriat se pose de plus en plus, particulièrement pour nous, les parents actifs ! En effet, nous pourrions penser que là réside la clé de cette fameuse conciliation vie pro/vie perso. Depuis que vous êtes parent, vous avez peut-être pensé vous mettre à votre compte, à créer votre entreprise, et pourtant vous hésitez, vous vous demandez si vous êtes fait pour entreprendre ?

Afin de répondre à cette question, je vous propose de balayer les points essentiels permettant de savoir si l'entrepreneuriat viendrait au bon moment ou non pour vous.

**Pourquoi se lancer ?**

**Première question** : Quelles sont vos motivations ? La motivation est propre à chacun. Les attentes en termes de niveau de vie et de temps consacré à l'activité diffèrent selon vos contraintes et envies.

**Autres questions** : Quelles sont les valeurs qui sont en jeu dans votre projet ? Est-ce que l'entrepreneuriat est bon pour vous et pour votre entourage ? Quelles sont vos compétences (*soft* et *hard skills*) ? Quelles sont les ressources (internes et externes) sur lesquelles vous pouvez compter ? Combien de temps vous donnez-vous pour vous lancer et pour gagner votre vie ?

L'envie d'entreprendre peut parfois cacher un autre objectif, comme celui d'être reconnu parce qu'on ne l'est pas assez dans son travail actuel, mais cette motivation ne me semble pas suffisante pour se lancer dans cette aventure. La conciliation vie pro/vie perso est souvent une motivation pour créer son entreprise, mais attention, car les frontières vie pro/vie perso sont très fragiles !

**Astuce Tête**

*Se prévoir des temps rituels précis pour soi, pour exister aussi en tant que femme ou homme (voir page 78), car le maillot d'entrepreneur ne nous quitte quasiment jamais.*

Pour ma part, ma principale motivation reposait sur une idée qui me trottait dans la tête depuis la naissance de ma première fille, et donc sur l'envie de la réaliser. Cette envie d'entreprendre me turlupinait depuis longtemps, car le modèle de ma mère me revenait souvent lorsque j'avais peur de me lancer, de prendre certaines décisions. Cette maman qui n'avait fait que très peu d'études, avait eu peu d'expérience professionnelle et pourtant, suite à son divorce, s'était lancée. Avec mes années de travail et des études solides, qu'est-ce qui pouvait me retenir ? Le besoin d'indépendance était de plus en plus présent, je souhaitais voir mes propres résultats, aller à mon rythme.

**Se connaître avec l'approche tête/cœur/corps**

Se connaître est le chemin de toute une vie. Devenir parent nous fait avancer sur cette route de la connaissance de soi. Cela renforce nos valeurs, nous rappelle nos origines et ce que nous voulons transmettre. Les joies et les peurs se multiplient. La question de l'entrepreneuriat peut apparaître pendant la période de congé maternité ou parental, car on se sent plus fort et, de fait, on est plus fort. Inversement, on peut aussi se sentir plus vulnérable, car désormais nos choix sont désormais liés à notre famille.

L'entrepreneuriat est un bel exercice pour se connaître soi-même. On est souvent seul·e pour avancer, les résultats sont là ou non. On se découvre face à de nouveaux défis et à l'incertitude du lendemain.

Pour ma part, le déclencheur pour me lancer a été un entretien avec une collègue de travail qui avait évolué plus vite que moi dans la société. Je lui révélais mon envie de créer une entreprise et en même temps ma peur de quitter un emploi stable et intéressant dans une grande entreprise. Elle m'a regardée droit dans les yeux et m'a demandé pourquoi je me posais encore des questions.

Elle m'a également dit franchement qu'elle ne me reconnaissait plus depuis les derniers mois. Où étaient passées mon énergie et mes ambitions professionnelles ? Pour elle, je m'éteignais petit à petit et elle trouvait cela dommage. Cet entretien, suivi d'une vraie discussion avec mon mari qui me soutenait à 100 %, a été le déclencheur. Ensuite, plus rien ne put m'arrêter dans la mise en œuvre de ce projet, mais avant cela, une petite introspection fut nécessaire.

### Côté Cœur

*Cet entretien avec ma collègue a été révélateur, car j'ai senti au plus profond de moi qu'en effet, je m'éteignais petit à petit, je ne me reconnaissais plus. Se connaître pour mieux se retrouver « ailleurs » est une belle clé.*

*Ensuite, au-delà du développement personnel sur la connaissance de soi, connaître son rapport avec l'argent est essentiel.*

*Pour ma part, connaissant ma nature anxieuse vis-à-vis de l'argent, j'ai décidé de créer une entreprise de services pour éviter d'investir dans une structure trop coûteuse, ce qui m'aurait stressée.*

### Côté Tête

*Question finances, de combien de temps disposez-vous ? Quelles sont les compétences (hard et soft) utiles pour construire votre projet ? Pour ma part, mes compétences RH et juridiques me rassuraient pour monter ce centre de formation. Au niveau financier, j'ai saisi le Plan de départ volontaire de ma propre structure et les indemnités chômage pendant la création de mon entreprise, ce qui me laissait deux ans devant moi pour y arriver. Ensuite, j'ai surtout écouté mon cœur, mon envie d'entreprendre et d'aider les parents travailleurs qui, comme moi, se posaient tant de questions.*

Si le passage à l'action (approche Corps), comme aller à la rencontre des personnes en lien avec votre projet ou assister aux événements vous permettant d'aller plus loin dans votre idée, devient naturel, alors oui foncez ! Non, attendez ! Car avant de foncer, je ne peux que vous donner ce dernier conseil : trouvez votre premier client avant le grand saut, cela vous sera très utile dans votre *pitch* d'entrepreneur !

**ASTUCE :** même si vous n'avez pas encore signé avec tel ou tel *prospect*, n'hésitez pas à citer les contacts que vous avez déjà eus en restant optimiste dans votre discours sur la suite de ces rendez-vous qui sont en bonne voie de se transformer. Cela renforcera votre légitimité, et la loi de l'attraction devrait faire son chemin pour finaliser ce que vous entreprendrez.

Aujourd'hui, après plus de sept ans dans l'entrepreneuriat, le cœur y est toujours, et je ne pensais pas autant recevoir dans ce métier. Aider les gens pour concilier vie pro et vie perso correspond à mes valeurs et, surtout, je me reconnais davantage dans ce que je fais, j'ai l'impression d'être à ma place.

**Savoir être autonome**

Le fait d'être son propre chef procure un sentiment de liberté. L'entrepreneur, s'il possède son entreprise, est libre de ses choix, parce que hiérarchiquement, il n'y a personne au-dessus de lui. Cependant, il ne faut pas oublier que cette liberté est relative, car elle dépend en grande partie de vos clients qui sont devenus « vos nouveaux patrons ».

Manager et déléguer seront des compétences clés pour faire grandir votre entreprise. Être parent, c'est justement savoir manager et déléguer, non ?

Pour ma part, cette autonomie n'est pas sans difficulté et l'enthousiasme peut varier au gré des rencontres. Ce qui me manque le plus, ce sont mes collègues, les petites blagues entre nous, les bons et les moins bons moments passés ensemble.

### Astuce Corps

*Créer son équipe est tout à fait envisageable en tant qu'entrepreneur. Cependant, c'est à vous d'en construire le cadre : les personnes avec qui vous souhaitez travailler, un lieu où vous retrouver, réserver des dates de brainstorming. Contrairement à l'entreprise où l'équipe existe, être entrepreneur, c'est oser sortir du cadre pour le recréer à votre manière.*

*Pour ma part, les liens créés avec mon imprimeur, mon expert-comptable, ma superviseuse et les coachs qui travaillent pour ma société sont très importants, car ces personnes représentent l'équipe que j'ai choisie.*

**Savoir prendre des décisions en toute confiance**

Une excellente confiance en soi et en ses capacités seront nécessaires pour savoir prendre des décisions. Trouver des alliés pour confronter vos idées, célébrer vos réussites, partager vos doutes, vous permettra de vous sécuriser et de grandir dans vos prises de décisions. Décider seul·e, pourquoi pas, mais je ne peux que vous conseiller de vous tourner vers le collectif et vers ceux qui sont vos alliés.

### Mon point coaching

*Pour gagner en confiance, il est important de célébrer vos réussites. Aujourd'hui, nous prenons de moins en moins de temps de célébrer. Pourtant, dans certains métiers, les résultats ne sont pas toujours concrets à court terme. Le fait de célébrer une prise de décision, l'étape d'un projet réussi, vous permettra de garder l'événement en mémoire et renforcera votre confiance.*

*Quelle est votre dernière réussite ? Quand allez-vous la célébrer ?*

***Technique du petit pas** : Célébrer ne signifie pas inviter la terre entière, prévoir des petits fours, etc. Célébrer peut se faire simplement en prenant le temps d'écrire une lettre ou un mail de remerciements, de faire un bon repas que l'on n'oubliera pas. L'idée est de prendre le temps de marquer l'événement, afin de s'en souvenir.*

De même pour la « réussite ». Mesurez vos exigences sinon vous ne célébrerez jamais rien et votre confiance restera fragile, quoi que vous fassiez. Un exemple de réussite peut être d'avoir été choisi·e pour participer à un projet stratégique pour l'entreprise.

**Rester positif et patient**
Entreprendre, c'est accepter d'être soumis au stress de la conquête de ses revenus, de l'attente d'un contrat, savoir se remettre en question, être en constante évolution, avoir le goût du défi, de la diversité, etc.

**CONSEIL :** regardez la concurrence non pour en avoir peur, mais pour être en constante évolution.

**Savoir prendre des risques**
Je ne peux vous cacher qu'entreprendre, c'est aussi savoir prendre des risques. Investir sur un site Internet, créer un *podcast*, louer ou non des locaux et ce, sans être certain de vendre ses solutions. Investir sur soi, ses idées, ses produits, sa vision… tout un programme, n'est-ce pas ?

Pour ma part, je me suis souvent retrouvée confrontée à plusieurs dilemmes. Investir davantage dans la communication, sur de nouveaux produits, *goodies* ou autres. Ce qui m'aide beaucoup pour décider un éventuel investissement, c'est l'envie de réaliser ou non le produit.

**EXEMPLE :** créer un *podcast*. Un jour, un client me demande des idées nouvelles pour accompagner les managers sur la parentalité. Ce client me souffle l'idée du *podcast*. Je relève cette belle idée qui me trottait depuis quelque temps dans la tête et décide d'investir sur le montage du *podcast*, sans être certaine de pouvoir ensuite récupérer mon investissement auprès d'autres clients. J'ai écouté mon intuition et mon envie de réaliser ce produit qui répondait à un besoin, selon mon expérience. Ai-je bien fait ? Seul l'avenir me le dira, mais prendre ce risque me fera de toute façon grandir.

**Ne pas s'isoler et s'assurer du soutien de ses proches**
Avant de franchir le pas, il est important d'avoir le soutien de votre entourage et de votre famille pour vous épanouir pleinement. Je ne peux pas vous dire qu'entreprendre est facile, on peut se sentir découragé·e, seul·e, trouver le temps trop long, ne pas comprendre les processus de décision de ses clients, surinvestir sur certaines idées qui ne marcheront pas. Des joies, des peines,

du stress sont à prévoir, il faut pouvoir les partager avec ceux que vous aimez et qui vous soutiennent.

Pour ma part, le soutien moral de mon père et de mon mari dans la création de mon entreprise a été déterminant pour me lancer et me sentir plus en confiance.

**Rester et à l'écoute de ses clients pour être agile et flexible**
Je terminerai par cette dernière clé : être à l'écoute des besoins de ses clients et ne pas se cramponner à son idée. Poser des questions ouvertes à vos futurs clients et surtout... garder un silence pour leur laisser le temps de réfléchir et de vous répondre ! Soyez enthousiaste, oui, mais n'apportez pas votre solution avant d'écouter le besoin...

**TÉMOIGNAGE :** pour ma part, très enthousiaste et portée par mon idée d'accompagner les parents professionnels, après chaque rendez-vous client, je me sentais à la fois joyeuse et épuisée ! Joyeuse, car j'avais exposé les points si positifs de mes solutions, bref j'avais parlé de ma société, mon autre « bébé ». Épuisée, car effectivement je m'étais exprimée avec toute mon énergie ! Cependant, portée par mon enthousiasme, j'en avais oublié le principal : laisser parler mon client ! Aujourd'hui, après un rendez-vous client, je me sens vraiment sereine si j'ai laissé s'exprimer mon client 80 % du temps et non l'inverse. Étrangement, les résultats sont là !

En conclusion, que vous décidiez ou non de vous lancer, les explications exposées ci-dessus sont des clés pour tout·e professionnel·le qui aurait envie de se développer à l'intérieur ou non de son entreprise. L'entreprise de demain attendra de plus en plus cet esprit d'entrepreneur, cette force positive qui a envie de faire avancer les choses !

## Opportunités personnelles

Comme me l'a dit Aurore dans mon enquête adressée à la communauté des parents *bboosstt*, avoir son premier enfant a été un facteur déclenchant pour… son épanouissement personnel. Dans sa course effrénée de métro-boulot, elle n'avait jamais pris le temps de se demander ce qui lui convenait le mieux. Au retour de son congé maternité, ses idées étaient plus claires, car elle s'était donné les moyens de prendre du recul sur ce qu'elle voulait et ce dont elle ne voulait pas/plus. Si, comme Aurore, vous désirez prendre le temps de lever la tête pour mieux vous connaître et optimiser votre retour de congé maternité ou paternité, alors la suite est pour vous !

### *Mieux me connaître pour assumer mes décisions et mes priorités*

Mieux vous connaître signifie, avant tout, connaître vos « couleurs » et vos forces pour les mettre en œuvre au service de votre équilibre.

**Parent, femme, homme et professionnel·le : quelle est la couleur de votre maillot ?**

Imaginez plusieurs maillots de sportifs vous représentant dans vos multiples facettes, et enfilez votre premier maillot…

**• Le maillot de parent**

Ce maillot-là, personne ne pourra vous le retirer, c'est bien pour cela que votre nouvelle force, c'est... votre enfant ! C'est grâce à lui que vous allez assumer vos choix et priorités en toute SÉRÉNITÉ.

**Astuce Cœur**

*Trouvez un objet, un parfum, une image, une chanson ou autre appartenant à votre enfant ou l'évoquant. Choisissez quelque chose que vous pouvez facilement toucher, sentir ou bien convoquer en pensée. Cet objet sera votre ancrage, c'est-à-dire qu'il vous permettra d'« ancrer » votre force et vous accompagnera à tout moment. Il pourra vous être utile lorsque vous apprendrez à dire « non » et à déléguer, tout en gardant le sourire.*

**Exemple :** *Avant de prendre la parole en public, je prends toujours une minute au calme pour visualiser mes trois enfants en train de faire du vélo avec mon mari lors de mes dernières vacances d'été. Leur sourire, leur goût de la vie, leur courage pendant ce périple est un ancrage qui me permet d'être plus calme et me sentir plus forte.*

**• Le maillot de femme ou d'homme**

Ce maillot-là, nous avons souvent tendance à le négliger, entre la course pour rejoindre l'école, la lessive à lancer avant de partir et le dossier client à ne pas oublier. Et cette tendance perdure souvent tout au long de la journée, voire de la semaine. Pourtant, ce deuxième maillot, il faut le soigner, car si vous ne le faites pas, personne ne le fera à votre place ! Alors, n'oubliez pas de vous accorder, dans ce long marathon que sont vos journées, la minute respiration/coiffage/habillage pour vous sentir bien. Prendre soin de vous, ce n'est pas pour les autres, c'est vraiment pour vous, pour renforcer votre bien-être et votre contentement.

**→ EN PRATIQUE :** Accessoire indispensable pour une maman, le rouge à lèvres bien rouge ; ça prend moins d'1 minute et ça fait vraiment son effet. C'est du « 20/80 », loi Pareto repensée (voir page 113) ! Pour les hommes, la chemise blanche est également un accessoire fiable et efficace à porter en toutes circonstances !

Le maillot de femme ou d'homme peut également revoir le jour quand vous vous accordez des moments entre adultes, avec des règles bien définies avec les enfants. Exemple : l'apéritif est un moment entre adultes, pas de négociation possible.

Prévoir une sortie hebdomadaire ou mensuelle entre amis est nécessaire pour vous retrouver, vous. Vous serez surpris de découvrir votre ou vos enfant(s) heureux de vous voir un peu plus apprêté·e pour sortir. Ils aiment vous voir beaux et heureux.

Être de bonne humeur le matin avec son partenaire est également une bonne option, non ? Mais comment faire après la mauvaise nuit que vous venez de passer, parce que c'était VOTRE tour cette fois de vous lever ? Eh bien, la clé réside encore une fois dans la communication avec votre cher et tendre… Il est temps de réajuster votre planning « Qui fait quoi » (voir page 118).

**Astuce Tête**

*Pour un petit déjeuner serein, la veille au soir, mettez sur un plateau tout ce dont vous avez besoin. Préparez également la tenue de vos enfants, et surtout la vôtre, de la tête aux pieds.*

**EXEMPLE :** comme mes enfants sont très gourmands, je leur demande de s'habiller, chaussures comprises, avant de prendre leur petit déjeuner. Ils sont étrangement bien plus rapides lorsqu'il s'agit de manger ensuite !

> ***Astuce Corps***
>
> *Levez-vous 10 minutes avant votre heure habituelle et commencez votre journée par de courtes séances de yoga ou de méditation : rien de tel pour se retrouver ! (Téléchargez l'application Yoga.com ou Petit Bambou, par exemple). J'ai bien dit 10 minutes. Si vous souhaitez vous lever 2 heures avant, libre à vous ! Il faudra juste penser à vous coucher plus tôt quand même, pour éviter l'épuisement... Je parle ici de quelque chose de réaliste et de réalisable : ces quelques minutes peuvent changer beaucoup dans votre journée.*
>
> *Si vous devez prendre les transports en commun, descendez une station plus tôt, afin de marcher 10 minutes pour arriver chez vous ou à votre lieu de travail. Ce moment de marche, rien que pour vous (j'ai dit : « rien que pour vous », pas le téléphone vissé à votre oreille !) vous permettra de vous oxygéner, de faire circuler votre énergie... afin d'être en pleine forme et concentré·e pour la réunion qui va démarrer, ou pour recevoir les câlins de vos enfants qui vous attendent, en fin de journée.*

**• Le maillot de professionnel·le**

Ce maillot reflète l'image que vous souhaitez projeter. Selon votre entreprise, les codes sont différents. Tailleur/chemisier/talons hauts ou plutôt jean/veste/chaussures plates ? À vous de vous sentir bien ! Si vous n'êtes pas à l'aise avec ces codes, n'hésitez pas à observer le look de votre N+1 ou N+2 pour vous inspirer.

> ***Astuce Corps***
>
> *Quel que soit le dress code de votre entreprise, si vous devez marcher pour aller travailler, suivez les conseils de Virginie : « Partez avec vos ballerines ou chaussures de sport et, une fois au bureau, chaussez les belles chaussures que vous aurez préalablement laissées dans un placard. »*

### *Mon point coaching*

*Au-delà de l'aspect look, je vous invite à réfléchir aux couleurs de votre maillot de professionnel·le : pensez-vous qu'il reflète bien l'image que vous souhaitez projeter ? Cette image correspond-elle à vos valeurs ? Que voulez-vous que l'on retienne de vous ?*

..........................................................................................................

..........................................................................................................

*L'équilibre parent-femme-pro ou parent-homme-pro est finalement ce doux mélange d'équilibre et de déséquilibre à gérer. Par la connaissance de soi et de ses priorités, il est possible d'ajuster ses choix et décisions pour maîtriser sa vie, ses vies… au gré du temps.*

*Voir encadré* Histoire des gros cailloux, *page suivante.*

**Je clarifie mes choix et mes priorités**

**Quels sont les gros cailloux de ma vie ? C'est à moi de voir !** Ce qu'il faut retenir de « l'histoire des gros cailloux », c'est l'importance de mettre les gros cailloux en premier dans sa vie pour la réussir et se sentir bien. Si la priorité est donnée aux peccadilles, la vie sera remplie de peccadilles et le temps à consacrer à ce qui est réellement important manquera. Alors n'oubliez pas de vous poser la question : quels sont les gros cailloux de ma vie ? Ensuite mettez-les en premier dans votre pot.

### *Mon point coaching*

*Je vous invite à prendre le temps de méditer sur cette histoire et surtout d'emporter vos « cailloux » avec vous où que vous soyez.*

***Exemple** : il y a quelque temps, j'avais décidé de mettre deux gros cailloux dans mon bocal. L'un des cailloux représentait « l'éducation » de mes deux « grands » enfants. Les écoles que mon mari et moi avions choisies étaient différentes pour nos deux enfants, car ils n'avaient pas les mêmes profils. Les écoles n'étaient pas du tout sur le même chemin : l'une était même à 25 minutes à pied de mon logement, la logistique était donc plus complexe et coûteuse. Pourtant, cette décision était tout à fait assumée et prise en connaissance de cause. Ainsi, le trajet à pied pour l'école s'est transformé en un moment de vraie complicité avec mon enfant… ces 25 minutes étaient donc loin d'être « subies ».*

# L'HISTOIRE DES GROS CAILLOUX

Pour clarifier vos choix et priorités, j'ai choisi de vous raconter cette petite histoire.

Un jour, un vieux professeur fut engagé pour donner une formation sur « la planification efficace de son temps ». Il dit à ses élèves : « Nous allons réaliser une expérience. »

Il prit un grand pot, qu'il posa délicatement en face de lui. Ensuite, il prit une douzaine de gros cailloux qu'il mit dans le grand pot. Lorsque le pot fut rempli jusqu'en haut, il demanda : « Est-ce que le pot est plein ? » Tous répondirent : « Oui ! » Il continua : « Vraiment ? »

Alors il prit un récipient rempli de graviers et les versa sur les gros cailloux, puis remua le pot. Les graviers s'infiltrèrent entre les gros cailloux jusqu'au fond du pot. Le vieux professeur demanda à nouveau : « Est-ce que le pot est plein ? » L'un des élèves répondit : « Probablement pas ! » « Bien », dit le vieux professeur.

Il prit alors un bac de sable qu'il versa dans le pot. Le sable alla combler les espaces entre les gros cailloux et le gravier. Encore une fois, il demanda : « Est-ce que le pot est plein ? » Cette fois, sans hésiter, les élèves répondirent : « Non ! » « Bien ! », dit le vieux professeur.

Il prit alors un pichet d'eau et remplit le pot jusqu'à ras bord. Le vieux professeur demanda finalement : « Quelle grande vérité nous démontre cette expérience ? » Un des élèves, songeant au sujet du cours, répondit : « Cela prouve que, même lorsque notre agenda est censé être complètement rempli, si on le veut vraiment, on peut y ajouter encore plus de rendez-vous, plus de choses à faire. » « Non, dit le vieux professeur, ce n'est pas cela ! La grande vérité que démontre cette expérience est la suivante : si on ne met pas les gros cailloux en premier dans le pot, on ne pourra jamais les faire entrer tous. »

### Astuce Tête

N'oubliez pas : prendre le temps de réfléchir à vos priorités et donc mettre votre ou vos gros cailloux dans le bocal vous permettra de vivre positivement vos choix et ne plus jamais les subir !

### Astuces Tête/Cœur pour les entrepreneurs

Il peut paraître difficile de choisir son gros caillou lorsque l'on est à son compte. Vous êtes chez vous après la naissance de bébé, la tentation est grande de vous mettre en mode « pause » un long moment, mais en même temps, si vous arrêtez votre activité trop longtemps, que deviendra l'entreprise dans laquelle vous avez tant investi, sans parler de vos finances ?
Lorsque votre cœur vous soufflera que le moment est arrivé pour vous de reprendre votre activité, vous choisirez de mettre votre entreprise dans le bocal. Allez jusqu'au bout de ce choix et prenez les moyens pour l'assumer. Il vous faudra certainement avoir recours à un mode de garde pour continuer à faire tourner votre entreprise, mais ne lésinez pas ! Le cercle est vertueux, plus vous vous donnerez les moyens de réussir, plus il y aura de résultats. Votre petit sentira que l'épanouissement professionnel est important pour vous et vous saurez profiter pleinement de lui lorsque vous serez avec lui !

## Mon point coaching

1. Identifiez un à trois gros « cailloux » dans votre vie (sans eux, elle n'aurait aucun sens), partagez-les avec votre entourage proche.
2. Identifiez vos graviers « mangeurs de temps » et osez en retirer certains du bocal.

**Exemple** : arrêtez de vous porter volontaire pour organiser les pots de départ ou le cadeau en commun, ne répondez plus au téléphone à partir de 19 heures, n'assistez pas entièrement à toutes les réunions si elles ne vous concernent pas directement.
Sachez que ces « mangeurs de temps » gravitent autour de vos gros cailloux et qu'ils sont dangereux pour vous et votre entourage, alors il est temps de dire « non » (voir page 114) et de déléguer (voir page 117).

........................................

........................................

........................................

*3. Dressez un tableau de votre semaine et indiquez dans une colonne toutes les tâches de votre quotidien, en les numérotant de 1 à 5, selon leur importance. Puis, insérez vos gros cailloux et attribuez-leur également des numéros. À la fin de la semaine, comptabilisez les points dans chaque domaine : Travail, Famille, Méditation, Autres... En fonction du résultat, réajustez et agissez si nécessaire ! Pour vous aider à établir votre planning hebdomadaire, téléchargez le modèle ci-dessous.*

***Exemple** : famille (grand-mère avec coup de fil hebdomadaire = 3 points ; repassage = 1 point...).*

*Adopter cette méthode, « compter les points », permet d'être très factuel et de maîtriser sa vie sans que les tâches quotidiennes ne prennent le dessus.*

**Astuce Cœur**

*Vous avez certainement envie d'être généreux·se, d'offrir du temps à vos amis, à l'école... Mais rappelez-vous qu'il y a un temps pour tout. Est-ce la bonne année pour vous de vous occuper du cadeau de fin d'année de la maîtresse ? Peut être pas. Vous le ferez l'année prochaine !*

## *Mieux me connaître avec l'approche « cerveau total »*

**La façon de prendre en compte l'information n'est pas la même pour tout le monde !**

Vous ne comprenez pas : depuis que vous vivez pleinement votre nouvel épanouissement personnel, vous cherchez à communiquer avec votre nouveau chef, à vous montrer aimable en lui demandant comment s'est passé son week-end, à faire un peu d'humour en réunion pour détendre l'atmosphère et la seule chose qu'il vous réponde, ce sont des chiffres, encore des chiffres et des analyses. Vous accomplissez votre job, mais vous ne ressentez pas le besoin de le faire avec une tête d'enterrement... Vous avez l'impression de ne pas vivre sur la même planète !

Le soir, même incompréhension quand vous allez chercher votre enfant chez la nounou... Vous aimeriez discuter un peu avec elle, la connaître mieux (elle garde votre trésor, quand même !), et elle, elle ne vous parle que de l'organisation des repas, des couches à rapporter et des heures auxquelles elle est sortie avec votre fils... alors que ce sont tous les jours les mêmes ! Comme vous vous sentez frustrée de ne pas pouvoir établir davantage de contact avec elle !

Et à la maison, lors du dîner, vous aimeriez raconter votre journée à votre partenaire, mais lui est visiblement dans ses pensées, en train d'imaginer quelle nouvelle application il pourrait développer...

Et si ces incompréhensions, ces « mécommunications », étaient dues au fait que votre partenaire, votre manager, votre nounou et vous n'aviez pas la même façon de traiter l'information ? Et si vous n'utilisiez pas tous la même partie de votre cerveau pour appréhender le monde ?

Le psychologue Ned Herrmann a proposé à la fin des années 1970 un modèle – appelé depuis le « modèle Herrmann » – qui permet d'identifier les modes de traitement préférentiels de l'information utilisés par les individus. On appelle cette approche « cerveau total » (*Whole Brain Thinking*) : elle permet de mieux comprendre son propre fonctionnement et celui des autres.

**Je prends en compte mes besoins et ceux de mes interlocteurs**
Quatre grandes familles de modes de traitement sont identifiées, selon Herrmann, réparties entre le cerveau gauche et le cerveau droit :

MÉTAPHORE DU CERVEAU TOTAL
(modèle Herrmann)

| | |
|---|---|
| **ANALYTIQUE :** | **EXPLORATEUR :** |
| Raisonner, évaluer | Concevoir, défricher |
| **ORGANISATEUR :** | **INTÉGRATEUR :** |
| Administrer, réaliser | Échanger, ressentir |

- Les **analytiques**, correspondant à la partie corticale gauche du cerveau, sont les personnes qui aiment les chiffres, les faits, qui sont dans la logique, la connaissance et le raisonnement. Ils sont très performants dès qu'il s'agit de mesurer. Tiens, cela me rappelle votre manager qui ne vous parle que chiffres et analyses !
- Les **organisateurs**, correspondant à la partie limbique gauche de notre cerveau (qu'on appelle aussi « cerveau émotionnel »), aiment tout ce qui est structuré, programmé et pratique. Ce sont les champions du processus. Ils ont des principes auxquels ils sont attachés et détestent l'imprévu. Se sentir en sécurité est primordial pour eux. Votre nounou ne se situerait-elle pas dans ce cadran ?
- Les **explorateurs**, correspondant, eux, à la partie corticale droite du cerveau, sont portés sur la découverte, l'intuition et l'imagination. Ils sont doués pour créer et globaliser. Ils ont un côté visionnaire... Comme votre conjoint, peut-être ?
- Et enfin, dernier cadran, les **intégrateurs**, sont les personnes qui s'épanouissent dans le contact humain, sont sensibles à l'ambiance et apprécient d'être en relation. Vous n'aimez pas les conflits, vous faites des efforts pour comprendre les idées des autres, vous êtes sensible à leurs difficultés ? Votre cerveau fonctionne de préférence en mode intégrateur !

Bien sûr, même si une préférence mentale domine, tout être humain a la capacité de circuler dans l'ensemble de ces quatre cadrans (c'est votre cerveau et il forme un tout !) et de traiter les informations de la manière dont les autres cadrans le font. Très utile pour « essayer les lunettes de l'autre » et comprendre son point de vue. Ainsi, si vous vous êtes identifié·e comme intégrateur, en utilisant le modèle d'Herrmann, vous aurez la clé pour dérider votre chef en lui parlant avant tout de ce qu'il aime, les chiffres. Que votre nounou n'aime pas papoter ne vous blessera plus et vous louerez son sens de l'organisation et de la sécurité pour votre enfant. Quant à votre moité... c'est justement son côté Christophe Colomb qui vous a séduit quand vous l'avez rencontré, n'est-ce pas ?

Mieux comprendre son propre mode de fonctionnement, c'est mieux appréhender ses propres réactions et surtout être plus agile dans ses relations avec les autres.

**Astuce Cœur**

*Maintenant que vous avez identifié votre mode de fonctionnement, attention : lorsque vous êtes dans votre zone de confort « dominante », vous êtes aussi dans votre zone « plaisir » et votre notion du temps est altérée. Vous vous connaissez mieux, alors soyez empathique à présent ! Comprenez le retard de votre manager qui s'est perdu dans ses chiffres à trop vouloir se faire plaisir avec ses multiples tableurs Excel !*

## Je me recentre avec les accords toltèques

La découverte des quatre accords toltèques[5] de Don Miguel Ruiz a été une belle pépite pour mon développement personnel. Je ne pouvais que vous partager les grands principes de ses ouvrages.

### « Que votre parole soit impeccable » envers les autres et envers vous-même

Avoir une parole impeccable signifie ne pas médire, colporter des rumeurs, ni critiquer. Être bienveillant en parole vis-à-vis de soi-même, lorsque l'on devient parent, peut s'avérer difficile. Devenir parent renforce nos exigences, car on peut ne pas se sentir à la hauteur face à nos nouvelles responsabilités. Si je traite d'imbécile mon conjoint ou mon enfant, il semble que je me serve de la parole contre ceux que j'aime. En réalité, je l'utilise contre moi, car ceux que j'aime pourraient être blessés par ces paroles et ma colère ainsi exprimée ne me fera aucun bien. Cette parole, je l'ai utilisée, au final, contre moi-même...

5. *Les Quatre Accords toltèques*, Don Miguel Ruiz, Jouvence, 2018.

### Mon point coaching

*Quelle croyance « négative » envers vous-même pouvez-vous transformer pour avoir une parole impeccable?*

***Exemple*** *: Vous vous dites « Je suis un mauvais père, car j'ai oublié d'aller à la réunion de classe de mon fils, je ne serai jamais parfait ». Eh bien, transformez cette parole par : « J'ai oublié d'aller à cette réunion, mais je vais en profiter pour me renseigner auprès des parents qui y ont été, cela me permettra de rencontrer de nouvelles personnes, je suis quelqu'un de sympathique, cela devrait marcher ! »*

### Astuce Cœur

*Pour garder une parole impeccable : l'amour envers vous-même renforcera l'harmonie que vous souhaitez créer avec vos proches, votre équilibre.*
*Pour ma part, depuis que ma parole est devenue impeccable envers mon père (surtout quand il n'était pas là !), nos relations se sont transformées.*

### Astuce Tête

*Au niveau professionnel et personnel, lorsque j'entends des médisances envers une personne, je ne renchéris jamais, je passe à un autre sujet et cela me fait gagner beaucoup de temps !*

**Ne réagissez à rien de façon personnelle**

Ce que les autres disent de vous correspond à LEUR vision de la réalité : ce n'est pas LA réalité.

### Astuce Tête

*Ne pas prendre les choses à titre personnel peut vous aider à prendre du recul et à avoir une parole impeccable. Pour nous, les parents actifs : si vous arrivez en retard à la crèche ou à une réunion de l'école et que vous sentez le regard désapprobateur de ceux qui sont arrivés à l'heure, ne le prenez pas personnellement !*

**Ne faites aucune supposition**

Faire des suppositions, c'est accepter de mettre de l'énergie et de passer du temps dans un espace qui n'existe pas.

> **Astuce Tête**
>
> *Pour nous, les parents actifs : arrêtons de perdre du temps à faire des suppositions !* **Exemple :** *« Je suppose que mon manager pense que je ne suis plus impliqué·e dans mon travail, car je viens d'avoir un enfant : il ne m'a pas confié ce dossier si important pour le service… » À la place, ayez une parole impeccable pour clarifier la situation : prenez rendez-vous avec votre manager pour lui demander pourquoi il ne vous a pas confié tel dossier clé.*

**Faites toujours de votre mieux**

C'est l'intention qui compte. Cet accord nous invite aussi à accepter l'imperfection.

Pour ma part, faire de son mieux, c'est aussi se donner les moyens de réussir ce que l'on souhaite entreprendre. On ne « se sabote » pas.

**EXEMPLE :** je dois faire une présentation devant mon équipe, je n'aime pas ça, mais je vais faire le maximum pour effectuer une belle performance. Je vais me donner les moyens de réussir ce petit défi en me couchant tôt la veille, en prenant du temps pour travailler ma présentation, afin de mettre toutes les chances de mon côté.

**Soyez sceptique mais apprenez à écouter[6]**

Remettez en question ce que vous pouvez entendre et cherchez la ou les sources de l'information pour connaître la vérité, ou en tout cas trouver votre vérité. Soyez aussi sceptique avec ce que vous vous dites à vous-même, n'hésitez pas à remettre en cause vos croyances limitantes.

6. Voir « La voie de la maîtrise de soi », dans *Le 5e Accord toltèque*, Don Miguel Ruiz, Jouvence, 2020.

Ce n'est pas parce que je ne suis pas d'accord avec l'autre que je ne peux pas l'écouter, et ce n'est pas parce que je l'écoute que je vais forcément être d'accord avec lui.

**Astuce Tête**

*Poser des questions ouvertes puis laisser agir les silences...*

## Je développe mon masculin et/ou mon féminin

### Je révèle toutes mes facettes

Nous avons tous en nous, que nous soyons homme ou femme, du masculin et du féminin.

Les parties masculines et féminines qui sont en nous doivent être acceptées : elles sont complémentaires et non opposées ou rivales, comme cela peut souvent être le cas. L'arrivée d'un enfant peut favoriser la prise de conscience pour chacun d'entre nous de notre féminin *versus* masculin.

Je m'explique : le masculin pourrait être défini comme la force, la puissance fécondatrice, l'action (donner). Votre côté masculin est lié à la valeur que vous vous donnez : si vous croyez en vous, cela vous fera agir.

Ce côté masculin comprend ainsi le passage à l'action, votre capacité à prendre des risques.

**EXEMPLE :** Vous décidez d'une mobilité professionnelle suite à l'arrivée de votre enfant. Vous estimez que vous méritez d'évoluer et de gagner plus d'argent, le temps que vous passez au travail a une véritable valeur.

Votre féminin, lui, peut se définir comme la bonté, l'intuition, la réceptivité (recevoir). Votre aspect émotionnel et sensible est basé sur les valeurs que vous attribuez aux autres. Ce côté féminin inclut également la ténacité, la compassion, la patience, l'écoute et l'empathie.

## Mon point coaching

*Que vous soyez une femme ou un homme, je vous invite à faire un bilan de vos habitudes et croyances entourant vos énergies féminines et masculines. Voici quelques questions issues des travaux de Chantal Binet[7], experte de la question, pour faciliter votre réflexion :*

- *« Que pensez-vous de ces comportements : douceur, compassion, écoute, introspection, non-jugement, vulnérabilité, sensibilité, pardon, expression de ses émotions ? Comment vous sentez-vous en lisant ces mots ? Si une partie de vous juge fortement ces façons d'être et de faire, votre masculin est plus dominant.*
- *À quel rythme naturel allez-vous dans votre vie ? Êtes-vous souvent pressé et avez-vous le sentiment qu'il faut faire vite dans différentes sphères de votre vie ? Votre masculin est plus dominant.*
- *Avec quelle quantité de données et de choses avez-vous l'habitude de jongler ? Si vous êtes du genre à avoir régulièrement besoin de la quantité pour vous sentir accompli et fier, votre masculin domine.*
- *Combien de fois par semaine vous donnez-vous la priorité pour prendre réellement soin de vous ? Si vous ne valorisez pas le fait de prendre soin de vous, votre masculin domine.*
- *Combien de fois la semaine vous entendez-vous vous juger, vous diminuer, vous dévaloriser, être dur avec vous-même et avoir de la difficulté à vous pardonner ? Si vous sentez que c'est fréquent, c'est que votre « maman intérieure » a absolument besoin d'espace pour venir jouer avec vous et ramener un équilibre !*
- *En observant votre vie en général, sentez-vous que le féminin l'a emporté ou le masculin ? »*

7. https://chantalbinet.com/nouvelles/equilibrer-son-feminin-et-son-masculin-en-2018

### *Je donne et je reçois*

Après avoir accompagné un bon nombre de mamans salariées, je me suis rendu compte que laisser la place au féminin a été un gros travail pour certaines. En effet, être mère active avec la fameuse « *to-do list* » ne laisse que peu de place au féminin. Pourtant, laisser son féminin nous guider nous permet d'écouter nos besoins, nos intuitions. Accepter de recevoir devient de plus en plus difficile, car on préfère « donner » et ainsi « contrôler » l'organisation que l'on a mise en place.

**Astuce Cœur**

*Pour développer votre féminin, pensez à une personne que vous admirez et qui pour vous incarne ce féminin. Pour ma part, j'écoute une chanteuse qui représente pour moi toute la puissance du féminin, au niveau tant auditif que physique. Sa musique incarne la sensibilité puissante et féminine, ce qui me donne envie d'aller davantage vers mon féminin.*

**Astuce Corps**

*Lorsque vous prenez la parole, laissez agir les silences, ainsi vous créerez de la place pour recevoir. Vos énergies n'en seront que meilleures.*

**Astuce Tête**

*Acceptez de recevoir : dites « oui » lorsque l'on vous propose de l'aide (par exemple d'apporter quelque chose pour le dîner) !*

Pour de nombreux parents, donner est un acte généreux et leur gentillesse fait partie de leur éducation. Apprendre à recevoir est aussi un acte généreux, car il permet de faire plaisir à ceux qui souhaitent vous aider. Recevoir est également un pas vers le « lâcher prise » car, quand on reçoit, on ne contrôle pas. Mesdames, Messieurs, laissez donc votre féminin exister !

**EXEMPLE :** David vient de déménager. Sa belle-mère lui propose gentiment de garder ses deux enfants, afin qu'il puisse s'occuper de ses cartons. Un travail sur lui-même a dû être fait pour qu'il puisse accepter cette aide. David sait que sa belle-mère fera à sa manière et que les enfants risquent de regarder un bon nombre de dessins animés. Le bénéfice de ce « lâcher prise » est pourtant un gain de temps, de confiance, et des relations renforcées avec sa sphère personnelle proche. De plus, au-delà des dessins animés, sa belle-mère pourra leur transmettre de belles valeurs qu'elle a sans doute réussi à transmettre à la conjointe de David.

Pour les papas, accepter son féminin sans penser perdre sa virilité est également tout un chemin. Laisser cette énergie féminine interférer positivement dans vos relations avec votre enfant vous permettra de vivre pleinement votre paternité et de prendre pleinement votre place. Être père ne se résume pas à incarner l'autorité, vous le savez bien.

**Astuce Corps**

*La pratique du « peau-à-peau » avec son bébé pour établir les premiers liens d'amour et de sécurité est un moment privilégié lors des premiers jours et mois de vie.*

### *Je laisse de la place à mon masculin ou mon féminin*

Pour certaines femmes, pour laisser le masculin prendre sa place (*versus* prendre de la place), il est essentiel de reconnaître et d'accepter qu'il est présent, car il a aussi besoin de s'exprimer. Si vous êtes passée maître dans l'art de laisser votre féminin vous guider, c'est très bien. Maintenant, il est temps d'expérimenter de quoi aura l'air votre masculin. Par exemple, lorsqu'il est nécessaire de poser ses limites avec quelqu'un ayant un comportement qui ne va pas dans le sens de votre harmonie : osez exprimer ce qui ne convient pas dans la relation, plutôt que de ne rien dire du tout et de subir.

### Mon point coaching

*Que pourriez-vous mettre en place dans votre vie si vous souhaitiez y intégrer davantage d'énergie féminine ? Quelques exemples pour vous inspirer : apprécier d'être « présent » à l'instant présent, utiliser sa sensibilité comme un atout, recourir à la douceur pour signifier son niveau d'exigence.*
*Si vous aviez à intégrer davantage d'énergie masculine positive dans votre vie, que choisiriez-vous ? Quelques exemples rien que pour vous : prendre la parole en premier lors d'un tour de table, cesser d'être trop disponible et gérer ses priorités, savoir dire non.*
*Qu'allez-vous faire différemment, à présent ? Quand programmez-vous cette action ?*

## Quelles opportunités pour le papa ?

### Un papa assumé

Devenir papa, c'est, comme le dit Gilles Vaquier de Labaume[8], « s'interroger sur son rôle de père ». Cela signifie se confronter à ses peurs. « La peur du modèle patriarcal que l'on a connu et que l'on a envie de remettre en cause, la peur de perdre sa virilité, la peur de ne savoir comment faire, la peur d'être jugé, de perdre le pouvoir, etc. ».

Au-delà des peurs, aller chercher sa puissance masculine et féminine (voir page 49) est une belle opportunité lorsque l'on devient père. Dans une société de la performance, en fonction des enfants que l'on a, cela nous renvoie à nos fragilités. Cela nous met face à la diversité, car on vit avec des enfants qui ont d'autres manières de voir le monde. C'est une opportunité de se dire qu'il n'existe pas que le modèle « soit fort, mon enfant ». Devenir parent nous fait grandir en confrontant nos croyances, ce qui nous permet d'ouvrir le champ des possibles.

8. Fondateur de « L'Atelier du futur papa » : www.atelierdufuturpapa.com

Patrice Bonfy[9] a bien voulu me faire part de l'agenda du futur/nouveau/jeune papa professionnel. Voici ses conseils pour transformer paternité en opportunité pro et perso, pendant la grossesse, à la naissance et au retour au travail : « Vous avez entendu parler du "tsunami" de la paternité ? Eh bien oui, devenir père, que ce soit pour la première, deuxième, troisième fois ou plus, cela peut ressembler à une vague géante qui (1.) vous submerge, et (2.) emporte tout ce qui occupait votre quotidien jusque-là. La métaphore s'arrête là. La mauvaise nouvelle, c'est que là où le tsunami ne fait que passer, la paternité va continuer à bousculer vos fondations pendant de longues années. La bonne nouvelle, c'est qu'à l'inverse du tsunami qui n'est que destruction, la paternité est une formidable opportunité de construire : un nouveau petit être, évidemment, mais aussi une nouvelle relation de couple, un nouveau rapport au travail, une nouvelle dynamique de vie. En vous posant les bonnes questions à chaque étape, ce tsunami, vous n'allez pas le subir, vous allez le surfer ! »

### *La grossesse*

Alors que la future mère entre dans un parcours médicosocial chronométré, le futur père est largement livré à lui-même, relativement inconscient, insouciant, de ce qui va se passer.

Pour éviter de se retrouver à l'écart avant même la naissance de l'enfant, il est recommandé de s'intéresser de près à ce que vit la future maman : potasser les brochures concernant ce qu'elle n'a pas le droit de manger ni de boire, se renseigner sur les phases de la grossesse et l'évolution du fœtus, et suivre l'actualité des rendez-vous médicaux.

9. Cofondateur du *Paternel*, le média des (r)évolutions parentales, et de *Remixt*, activateur de Diversité & Inclusion dans les entreprises.

**À SAVOIR :** Selon le droit social français, le conjoint d'une future maman dispose d'une autorisation d'absence pour se rendre à trois des examens médicaux (bien souvent, les échographies). Rien de tel pour se projeter dans la paternité que d'écouter des battements de cœur et des pronostics de sexe erronés !

Et puis, ça sera l'occasion d'annoncer la bonne nouvelle au bureau, car l'employeur doit être informé pour que ces absences puissent être autorisées. Si tout va bien, les RH devraient commencer à évoquer le congé paternité (voir page 56).

### *La naissance*

Vous avez la valise de maternité ? Dans le meilleur des cas, le futur papa a même participé à sa préparation. Alors quand faut y aller, faut y aller.

**À SAVOIR :** Le congé de naissance vous autorise à tout plaquer séance tenante (en prévenant tout de même de votre départ) et à ne pas revenir au bureau avant trois jours ouvrés (pendant lesquels l'entreprise continue à vous payer).

Rien ne vous oblige à donner des nouvelles, vous devrez simplement présenter l'acte de naissance en revenant. Mais quand tout se sera bien passé, vos collègues seront sûrement ravis de recevoir la photo, le prénom et pourquoi pas le poids de votre bébé tout neuf. Et puis, vous êtes jeune papa maintenant : ça les aidera à bien l'intégrer.

### *Le congé paternité (et le congé maternité)*

**Je prends mon congé paternité en toute sérénité !**

**GRANDE ET HEUREUSE NOUVEAUTÉ !** Le congé paternité et d'accueil de l'enfant est passé en juillet 2021 de 11 jours à 25 jours consécutifs, dont 7 obligatoires, à débuter dans les quatre mois qui suivent la naissance de l'enfant.

Techniquement, le droit social impose de planifier ce congé avec l'employeur au moins un mois avant la date du début. Mais parlez-en aux RH et à votre hiérarchie : peut-être qu'ils accepteront de vous accorder une certaine flexibilité pour que vous puissiez enchaîner si vous le souhaitez congé de naissance et congé paternité... le bébé arrive rarement à la date prévue !

En parlant de hiérarchie, soyez attentif au double risque qui pèse sur une prise sereine du congé. Plus de 30 % des pères qui n'ont pas pu profiter à fond de leur congé paternité évoquent des pressions de leur employeur. Et plus de 25 % d'entre eux décrivent un phénomène d'autocensure : « il fallait que je fasse mes preuves », « j'avais peur que cela soit mal perçu », etc.

**Astuce Tête**

*Le mieux, pour lever tout soupçon, c'est d'en parler. Il est probable que votre hiérarchie et vos collègues réagiront de manière plus bienveillante que vous ne le pensez. Et s'ils émettent des réserves, sortez le joker suivant : les besoins et attentes des mères aussi ont changé, et si vous ne pouvez pas prendre votre congé dans de bonnes conditions, il sera certainement plus difficile à votre couple de trouver le bon rythme pour cette nouvelle vie.*

Ce congé est donc un investissement rentable qui vous permettra de revenir détendu et motivé comme jamais (et quand même un peu fatigué, mais ça, ça reste entre nous).

**Quand poser mon congé paternité ?**
Il y a débat. D'un côté, être présent pendant les premières semaines permet de découvrir ensemble l'intensité de l'expérience du soin d'un nouveau-né, et de faciliter la convalescence de la maman après son accouchement. D'un autre côté, le risque de dépression maternelle du *post-partum* est le plus fort entre la 6e et la 8e semaine suivant l'accouchement (le « coup de bambou », après l'adrénaline du début), et il peut donc être souhaitable que vous soyez particulièrement présent à ce moment-là. Discutez-en ensemble.

Dans tous les cas, ce congé paternité ne sera pas votre seul investissement en temps.

**Astuce Tête et Corps**

*Arrangez-vous pour être particulièrement disponible pour votre petite famille pendant tout le congé maternité : dès la fin d'après-midi et une partie de la nuit. Les nocturnes au bureau et les soirées entre ami·e·s reviendront bien assez vite.*

**Astuce Cœur**

*Devenir une figure d'attachement pour le bébé et apprendre à s'occuper de son enfant et de l'intendance qui va avec, c'est maintenant.*

### *Le retour au travail*

Pour la grande majorité des jeunes parents, à la fin du congé maternité ou paternité, il faut reprendre l'autre travail, celui qui finance le loyer, le siège auto et les petits pots.

Alors on trouve une solution pour faire garder l'enfant (voir page 162). Et, même si les nuits sont encore difficiles, on se lève à nouveau pour enfiler son costume de super-pro, on masque les tâches laissées sur sa chemise, et l'on se retrouve bientôt devant la machine à café, à montrer des photos de son bébé à qui veut bien s'y intéresser.

Bien sûr, pour de nombreux pères et mères, cette reprise est aussi une délivrance. On socialise de nouveaux avec ses collègues sympas. On reprend ses dossiers passionnants. Peut-être qu'on peut même trouver le temps de repenser un peu à soi.

Mais il faut se rendre à l'évidence : tout a changé. Vous ressentez comme un décalage par rapport à ce qui vous semblait important avant. Vous avez de nouvelles contraintes horaires aussi. 80 % des couples de jeunes parents sont bi-actifs, et il faut bien se répartir les matins, les soirs, les visites médicales programmées, les imprévus, les grèves de crèche, les absences de nounou, etc.

**Astuce Tête**

*Vous êtes devenu plus efficace. C'est prouvé, alors n'hésitez pas à vous en vanter : les hommes qui passent du temps à s'occuper de leurs enfants progressent en négociation, en patience et en capacité de travail multitâches. Ils gagnent également en productivité. Redites-le vous autant qu'il le faut, et répétez-le à tous ceux qui auront besoin de l'entendre : « non, je ne peux plus jouer le jeu du présentéisme, mais quand je suis à mon poste, je déchire ! »*

Alors autant assumer à fond : évidemment, vous ne pouvez pas être aussi disponible qu'avant. Et pour des réunions avant 9 h ou après 17 h, il vaut mieux vous prévenir quelques jours, voire semaines, à l'avance.

### *Le reste de vos carrières*

On a parlé de la grossesse, de la naissance et des premiers mois de l'enfant. C'est dense, mais dites-vous bien que ça ne s'arrête pas là. Les besoins de l'enfant évoluent régulièrement. Les aspirations et opportunités professionnelles de chaque parent aussi. Ça tombe bien : puisque vous avez assuré comme un chef pendant les premières étapes du grand jeu de la paternité, vous êtes désormais tout à fait compétent pour assumer le gros des contraintes parentales quand il le faut.

**À SAVOIR :** Que ce soit en couple, en garde alternée, en famille recomposée ou en famille monoparentale avec un peu de soutien, vous pouvez alterner : choisir de rester dans une zone de confort professionnel qui permet d'être disponible pour les enfants quand c'est nécessaire ; accepter une grosse mission qui va demander de s'investir à fond dans le boulot pendant quelque temps quand on sait qu'on a quelqu'un d'autre sur qui s'appuyer. Et *vice versa*, jusqu'à ce que les enfants soient grands. Ce qui arrivera plus vite qu'on ne le croit.

Alors « kiffez vos carrières et kiffez vos enfants ! » On peut tout avoir, si on accepte de prendre sa part.

Ça y est, tout le monde est reboosté ?

Gardez bien en tête ce qui a fait écho pour vous, car il est temps de prendre un peu de recul pour savoir ce que vous décidez maintenant !

# MAINTENANT JE FAIS QUOI ?

# JE RETOURNE TRAVAILLER ?

## *Je prends du recul*

Certaines personnes ne se posent jamais la question de savoir si elles ont envie ou non de continuer, de retourner travailler, ne serait-ce que pour des raisons financières. Mais pour d'autres, qui n'y avaient jamais songé auparavant, un jour le doute s'installe… « Est-ce que je veux vraiment retourner travailler ? » Cette question vient évidemment de l'amour fou que vous portez à ce petit ou grand être qui dort près de vous, mais pas seulement. Elle peut mêler la culpabilité de faire garder son enfant, la peur de ne pas arriver à trouver un équilibre entre le travail et sa vie de parent, l'impression que l'on n'arrivera plus à être performant·e au travail, la sensation d'être isolé·e et de ne plus être connecté·e à son travail parce que l'on souhaite partir plus tôt qu'« avant », la fatigue du rythme métro/boulot/petits (ou grands) pots que l'on pressent, l'envie d'être là pour les « premières fois » de son enfant, de s'en occuper à temps plein… Une question complexe, en somme ! Et la réponse vous appartient, que ce soit « oui », « non » ou « oui, mais pas tout de suite ». Pour vous permettre d'y réfléchir en toute sérénité, voici quelques éclairages sur le sujet.

### *Mon point coaching*

*Pour pouvoir se poser la question « Je retourne travailler ? », il est temps de trouver un temps pour soi avant de se lancer dans de nouveaux défis. Il est essentiel de se poser pour réfléchir à ce dont on a vraiment besoin, pour se sentir aligné·e tête/cœur/corps, afin de ne pas avoir de frustration. Je vous renvoie à vos « gros cailloux », pour l'ancrage (voir page 40).*

*Pouvoir se poser, réfléchir à ce qui est bon pour soi, c'est aussi savoir repérer qui peut nous écouter, nous poser des questions suffisamment ouvertes, afin de cheminer vers ce qui nous semble juste.*

*Et vous, vers qui pourriez-vous vous tourner pour vous aider à faire ce chemin ? Quand comptez-vous le faire ? Où ?*

# Je me réinvente après une période de confinement

## *Les défis de la crise*

L'expérience vécue à travers les confinements de 2020 et 2021 a été très différente pour chacun, et je ne me permettrais pas de tenir une posture haute sur le sujet, car les conditions de travail, de vie familiale et/ou sociale ont été très différentes pour tout le monde. Par conséquent, j'utiliserai un questionnement plus général pour que chacun puisse voir les enseignements que l'on peut y trouver.

Pendant les périodes de confinement, nous avons été de nombreux parents à enfiler un quatrième maillot, complètement inconnu pour bon nombre d'entre nous : le maillot de « maître ou maîtresse ». Pourtant, la « machine-travail » a continué de tourner encore, malgré le fait que nous gardions nos enfants pendant cette période !

En plus de ce quatrième maillot, nous avons dû faire face à plusieurs défis :

- la peur de la maladie pour nous et pour nos proches ;
- la peur de manquer ;
- la peur du futur ;
- le sentiment d'impuissance face à l'incertitude ;
- la crainte de revenir trop vite à sa vie d'avant tant vis-à-vis de son entreprise que vis-à-vis de l'école ou la crèche, avec l'habitude de la présence de ses enfants à la maison ;
- certains ont ressenti la perte de la liberté qui a été conditionnée, surveillée, avec le port du masque ou les attestations de sorties obligatoires.

Le port du masque obligatoire dans les entreprises a eu des conséquences sur notre communication interpersonnelle et notre relation aux autres : comment communiquer avec un visage dissimulé à 60 % ? Les masques perturbent la lecture des émotions : l'expression de la colère, du dégoût, de la joie et de la tristesse est fortement réduite avec un masque, contrairement à l'expression de la peur ou de la neutralité. Saviez-vous que le vrai sourire, appelé « sourire de Duchenne », est reconnaissable au niveau du regard ?

Les relations humaines au niveau personnel et professionnel se sont donc transformées. Comment conserver de bonnes relations avec un maque et/ou à distance ?

### Mon point coaching

*Et vous, que pourriez-vous mettre en place pour préserver vos relations professionnelles et personnelles ?*

### Astuce Cœur

*Garder un contact régulier avec vos proches parents âgés, car ce sont les personnes les plus vulnérables face à cette crise, ils ont sans doute encore plus peur que vous, ils ont besoin que vous soyez présents.*

### Astuce Corps

*Pour ma part, j'ai mis en place des coachings individuels par téléphone en marchant. Cette initiative a permis d'explorer un coaching de façon différente, ce qui a créé un lien réel avec les personnes coachées, heureuses d'explorer le champ des possibles en dehors de leur cadre habituel. Marcher en travaillant crée une opportunité pour se concentrer, utiliser l'écoute active, et aussi se mettre en mouvement pour avoir de l'énergie et libérer nos nouvelles idées.*

## Les opportunités : recentrage

Face à ces nouveaux défis, le retour à soi, la reconnexion avec sa famille, la (re)découverte des moments de qualité ont été des opportunités pour certains parents. L'accueil de l'incertitude a permis d'expérimenter le « lâcher-prise ». Ne pas avoir de visibilité sur le futur nous a conduits à mieux vivre l'instant présent. Cette peur a aussi permis de développer la solidarité.

Comme évoqué précédemment, je me doute bien qu'il n'en a pas été ainsi pour tout le monde ; cependant je reste persuadée que vous pouvez tirer un enseignement positif de cette période.

### Mon point coaching

*Y-a t-il eu pour vous un « avant » et un « après » confinement ?*
*Aujourd'hui, qu'avez-vous mis en place de différent ?*
*Qu'est-ce que vous souhaitez garder ? Qu'est-ce que vous ne ferez plus ?*
*Au niveau personnel, certains parents ont pris le temps de manger plus sainement et de faire plus de sport.*

### Astuce Cœur

*Pour ma part, au niveau professionnel avant le confinement, je n'étais pas convaincue par le coaching en visio. À la demande de mes clients, j'ai eu l'occasion d'expérimenter ce type de coaching pendant cette période. À ma grande surprise, cela a été très efficace, je continue donc à développer cet accompagnement en visio, que j'affectionne même particulièrement !*

D'autres enseignements ont été remontés par nos parents *bboosstt*, tels qu'une meilleure hygiène de vie, un lavage de mains plus fréquent et donc moins de maladie. Pour certains parents le « vivre *très* ensemble » leur a appris à compter les uns sur les autres : chacun apportait sa contribution pour que le confinement soit le mieux vécu possible pour tous.

### Astuce Cœur

*Quel(s) enseignement(s) avez-vous pu tirer de cette expérience ?*
*Pour ma part, suite à cette expérience de mère entrepreneuse et maîtresse, j'ai expérimenté malgré moi le fameux « lâcher-prise » sur les objectifs irréalisables fixés au début du confinement et à la fin. Le retour à mes gros cailloux « santé » et « famille » a primé sur le reste. Les liens avec mes enfants se sont renforcés.*

### Astuce Tête

*Faire participer ses enfants en organisant une répartition hebdomadaire des « responsabilités » en fonction des âges.*
*Un exemple soufflé par Carole, une maman bboosstt : « Chez moi, un enfant est responsable de mettre le couvert, un autre se charge de passer l'éponge, et enfin le dernier débarrasse le lave-vaisselle. Nous changeons les "responsabilités" chaque semaine et tout est écrit noir sur blanc ! Aucune exception n'est permise, un cadre strict est nécessaire et rassurant pour que cela puisse fonctionner ».*

## Quid du télétravail ?

### Protection et permission pour bien vivre le télétravail

De manière plus générale, les parents actifs ont dû, pour beaucoup, expérimenter le télétravail. Certains parents le subissent, d'autres le souhaitent. Afin que le télétavail puisse devenir une opportunité, je vous propose quelques pistes pour bien vivre cette nouvelle façon de travailler. Les protections et permissions en tant que parents actifs sont nécessaires, car nous ne pouvons pas communiquer en permanence à distance. Les relations interpersonnelles, parce qu'elles sont conditionnées par les outils de visioconférences, sont intrinsèquement transformées. Aux paroles émises par l'interlocuteur vient s'ajouter une couche d'interprétation pour décrypter ses intentions. Par conséquent, vous dépensez beaucoup d'énergie à vous adapter en permanence à ces transformations.

**De quelles protections disposez-vous pour bien vivre le télétravail ?**

Par ailleurs, les sphères personnelles et professionnelles peuvent se mélanger particulièrement pendant le télétravail : une petite conduite à faire, car la baby-sitter n'est plus disponible, une machine à lancer pendant un point téléphonique... Ce mélange des deux sphères peut être pratique lorsqu'il reste très ponctuel ; cependant, être multitâches peut aussi être épuisant et contre-productif. Le sentiment de ne pas bien faire ni en tant que parent ni en tant que professionnel se décuple. C'est la raison pour laquelle je ne peux que vous inciter à mettre en place des protections et ensuite, seulement une permission, pour vous préserver sur le long terme.

**Astuce Tête**

*Quand vous travaillez chez vous, installez sur votre porte un panneau avec le logo de votre entreprise, afin que personne ne vienne vous déranger. Cela peut-être une protection.*

**Astuce Corps**

*Pensez à marcher, faire des pauses. Pour cela, chronométrez-vous et mettez une alarme toutes les heures, afin de prendre le temps de lever la tête, vous étirer, boire un verre d'eau.*

**Astuce Cœur**

*Pensez à vous ressourcer : rédigez une liste de vos envies et plaisirs et programmez-en dans votre agenda.*

**Quelles permissions pouvez-vous vous autoriser pour bien vivre le télétravail ?**

En voici quelques exemples :

- Permettez-vous d'aller chercher votre enfant à l'école/crèche pendant votre pause déjeuner, une fois par semaine ou tous les 15 jours, afin de faire une vraie coupure et ainsi être bien plus créatif lorsque vous revenez travailler ;
- Inscrivez-vous une fois par semaine à un cours de sport entre 12 h et 14 h.

# CHARTE DU TÉLÉTRAVAIL

9 conseils pour le télétravailleur-parent actif :

**1 J'aménage mon coin personnel**

Si c'est possible, aménagez-vous un espace de travail personnalisé, confortable et au calme ; cela vous permettra de vous motiver à travailler et d'y prendre du plaisir.

Astuce Tête : Mettez sur votre porte le logo de votre entreprise, cela permettra à vos enfants (et vous-même) de mieux intégrer le coin « travail ».

**2 Je respecte mon rituel quotidien**

Le matin, prenez le temps de vous préparer comme si vous étiez sur le point de partir au travail : évitez surtout de rester en pyjama, afin de prévoir les fameux imprévus du type « Ce matin, je vous propose une réunion avec la caméra pour tout le monde » !

Astuce Cœur : Il est important de vous plaire, de vous occuper de vous physiquement : si vous aimez l'image que vous renvoyez, vous n'en serez que plus attirant·e et donc plus efficace !

Le rituel peut également intégrer l'aspect corps. Avant, vous alliez au restaurant d'entreprise et peut-être à l'extérieur, cela vous mettait en mouvement. Je ne peux que vous conseiller de remplacer cette mise en mouvement par un rituel corps type yoga.

Astuce Tête : Allez sur un moteur de recherche par exemple et tapez : « 10 mn de yoga gratuit ». Et pourquoi ne pas organiser ce rituel sport avec d'autres collègues, pour vous motiver ?

**3 Je garde le contact avec mes collègues et mes proches**

N'hésitez pas à prendre des nouvelles de façon informelle de vos collègues pour conserver le lien et surtout pour ne pas vous sentir isolé·e.

Astuce Corps : C'est le moment de proposer une « marche brainstorming » en équipe, cette mise en mouvement ne peut que s'avérer énergisante et bonne pour tous !

Astuce Cœur : Concernant vos proches, spécialement ceux que vous sentez un peu fragiles, envoyez quelques photos pour donner des nouvelles de votre famille.

**4 Je surveille l'heure pour faire des pauses !**

Rappelez-vous la loi d'Illich, faites des pauses ! Vous gagnerez en efficacité.

Astuce Tête : Les pauses (déjeuner et activité physique) doivent être intégrées dans votre agenda (sinon, vous risquez de ne pas les tenir).

**5 J'affiche des règles pour toute la famille**

- **Règle n°1 :** Personne ne vient me déranger pendant ma visioconférence.
- **Règle n°2 :** Temps d'écran limité pour chaque membre de la famille – en fonction de l'âge bien entendu. Pas d'exception, il faut garder le cadre !
- **Règle n°3 :** Moi, parent, je ne me reconnecte pas après *telle* heure (à préciser svp).
- **Règle n°4 :** Moi, enfant, je m'engage à regarder un *C'est pas sorcier* contre...

→ À vous de compléter pour coconstruire avec votre famille, afin de les impliquer.

**6 Je communique mes éventuelles contraintes**
Lorsqu'on travaille chez soi, il est nécessaire de bien anticiper vos contraintes et de les communiquer à votre entourage professionnel et personnel.
Astuce Tête : Mettre dans l'agenda pro : « Obligation perso » (exemple de 18 h à 18 h 30).
Concernant votre entourage personnel, il est également nécessaire de bien communiquer sur ce qu'il est possible de faire ou non. Exemple : oui au petit bonjour en revenant de l'école, sauf si vous êtes en visioconférence !

**7 Je fais confiance et je suis transparent·e**
Le télétravail demande une confiance mutuelle entre managers et collaborateurs d'une part, et entre parents et enfant(s) d'autre part !
**Au niveau pro :** La vie privée et le travail se mélangeant de plus en plus, n'hésitez pas à informer votre hiérarchie si vous avez un imprévu ou un rendez-vous extérieur urgent, et restez joignable dans la mesure du possible.
**Au niveau perso :** Un seul mot, « l'exemplarité ». Couper son ordinateur et son téléphone pendant les temps en famille ! Si vous êtes dépendant de votre téléphone, je vous conseille de le laisser dans votre bureau ou de le mettre en mode « avion ».
Astuce Tête : Communiquez à vos proches cette pratique et votre besoin d'être présent avec ceux que vous aimez, par exemple à partir de 19 h 30.
Astuce Cœur : Attention aux réseaux sociaux type Facebook : à fuir si vous souhaitez développer la confiance en vous et gagner du temps.

**8 Je sauvegarde mes données**
En travaillant à distance, chacun est responsable de son travail. Un incident étant vite arrivé, pensez à enregistrer régulièrement votre travail et à le partager avec l'équipe (sur un disque dur ou un hébergement en ligne sécurisé). N'hésitez pas à solliciter votre service informatique pour vous aider dans cette démarche si besoin.

**9 Je bloque des créneaux pour des sujets de fond**
Dans notre course quotidienne, nous ne prenons plus beaucoup de temps pour avoir du recul sur ce qui est essentiel pour nous.
Astuce Cœur : Avec vos proches, n'oubliez pas de vous poser une fois par semaine pour faire un point sur vos priorités pro et perso. Ainsi, vous n'aurez pas l'impression de gérer uniquement votre « liste de courses ».
Astuce Tête : Bloquez des créneaux dans votre agenda pour travailler sur des sujets de fond (par bloc de 1 h, mais sans interruption).

Source : Charte inspirée de la charte de l'agence Tiz : www.tiz.fr

### *Mon point coaching*

*Quelles sont les conditions (familiales, logistiques, spatiales, temporelles, etc.) que vous pourriez mettre en place, pour que ce télétravail soit positif pour vous ?*

Une fois ces protections et permissions mises en place, il est temps de faire un point sur les bonnes pratiques !

## *Les bonnes pratiques du télétravail*

Certains parents actifs ont vécu le télétravail avec, puis sans les enfants. Plusieurs bonnes pratiques ont ainsi été mises en place.

Suite à l'enquête menée auprès des parents *bboosstt*, plusieurs d'entre vous ont retenu que poser un cadre écologique de télétravail pour soi était une clé essentielle pour tenir sur le long terme. Certains profitent maintenant des « pauses déjeuner » pour voir « en vrai » leurs collègues géographiquement proches. D'autres utilisent le temps gagné dans les transports pour faire du sport et éviter le surmenage. D'autres encore ont coconstruit une « Charte familiale du télétravail et de l'utilisation des écrans ».

### *Astuce Corps*

*Organisez vos rendez-vous téléphoniques ou points hebdomadaires hors PC pour les faire en marchant ! C'est une excellente façon de rester en énergie, de sortir de votre cadre traditionnel de travail pour être plus créatif ! Cette marche vous permettra également de vous ressourcer. Vous pouvez aussi proposer cette méthode à vos interlocuteurs ! Pour ma part, j'utilise de plus en plus cette méthode, en sachant que les coachés marchent également de leur côté. Sortir du cadre et se mettre en mouvement apporte des idées neuves pour lancer des actions concrètes et avancer sur ses objectifs.*

# JE PASSE DU PARENT COUPABLE AU PARENT RESPONSABLE

## *Culpabilité et travail*

Rien qu'à l'idée de retourner travailler, vous êtes dévoré·e par la culpabilité ? Vous n'êtes pas la seule personne à ressentir ce décalage entre le « moi » tel que vous voudriez être et le « moi » tel que vous êtes ! La culpabilité peut en effet venir de soi-même, de ce que la société nous a transmis ou de ce que nos parents ou ancêtres nous ont légué. Un exemple de ce que peut nous avoir transmis la société : « Je dois savoir gérer mon travail, ma famille, et ma maison ».

Aujourd'hui, dans la plupart des cas, vos bouts de chou, vous les avez choisis, désirés et attendus. Alors, « puisque vous les avez voulus », vous serrez les dents quand vous avez envie d'avouer que vous êtes content·e de retourner travailler, parce que même si vous adorez votre enfant, la vie centrée autour de lui peut être pesante... Une petite voix intérieure se réveille et vous vous sentez coupable de ne pas être cette mère ou ce père qui sait si bien apprécier tous les moments avec son enfant, n'est-ce pas ?

### *Pour les mères*

La culpabilité liée à la maternité remonte à plus loin. L'enfant porté par la mère durant neuf mois dépend uniquement d'elle pour sa survie les premiers mois, notamment car ce sont elles, les mères, qui s'en occupent le plus au début. Cette immense responsabilité entraîne beaucoup de culpabilité, d'autant plus que l'injonction sociale est très forte de nos jours : « Allaites-tu ? Lui prépares-tu des petits pots maison et bio ? » ; « Comment, tu n'as pas d'écharpe de portage ? » ; « Les adolescents ont encore plus besoin de la présence parentale : petits enfants, petits soucis, grands enfants... » Et souvent, dans l'imaginaire collectif, une mère parfaite, c'est une mère qui reste auprès de ses enfants pour s'en occuper ! La culpabilité a donc tout son champ libre dans la thématique du travail.

### Pour les pères

La culpabilité est également multifacettes. Prendre un congé paternité ou parental vous amène parfois devant un certain dilemme... D'un côté, l'image de l'homme qui, durant la préhistoire, devait chasser pour nourrir sa famille. Il ne serait donc pas question de se mettre en « pause », car vous pensez à votre devoir, à subvenir aux besoins de votre famille. D'un autre côté, une nouvelle place pour le père se développe dans notre société, ce dernier n'étant plus le seul à travailler, et la fameuse présence paternelle est très demandée. Un nouveau dilemme commence à naître : comment trouver sa place de père et d'homme actif dans notre société qui vous fait comprendre que, maintenant, vous n'avez plus qu'un seul rôle à jouer ?

## Je déconstruis mes croyances

Vous ne pouvez pas accompagner la sortie piscine hebdomadaire de votre enfant parce que vous travaillez ? Vous avez confié votre enfant de trois mois à la crèche ? Vous laissez tous les jours votre enfant à l'étude et à la cantine ? Les avez-vous ressentis, ces regards désapprobateurs, ces petites remarques comme quoi « c'est long pour l'enfant de rester au périscolaire tous les jours » et que « pour être bien, un enfant a besoin d'un parent présent à la maison » ? Ah, j'oubliais le fameux : « ça passe vite, alors profitez-en surtout » !

### Je fais le point

Permettez-moi de vous rassurer ! Jamais aucune étude n'a réussi à prouver le lien entre le travail des parents et le bien-être physique et psychique de l'enfant. Et même, selon une étude de la Harvard Business School réalisée auprès de 50 000 adultes dans 25 pays, avoir une « *working mum* » influence positivement l'image qu'un enfant a de lui-même et contribue à faire de lui un adulte épanoui professionnellement. S'agissant des filles en particulier, l'emploi des mères enseigne à ces dernières un certain nombre de compétences qui leur permettront plus tard de gérer une plus grande capacité de travail et de s'affirmer en tant que « leadeuses ».

Et pourtant, qu'elle est lourde, cette culpabilité liée au travail ! Tout simplement parce qu'elle est à double sens. Culpabilité de quitter son enfant... mais aussi culpabilité envers son employeur ! Les parents *bboosstt* me l'ont bien décrit lors des groupes d'échange, laissant parler leur petite voix intérieure : « Je ne me sens bien ni à la maison, ni au bureau, toujours coupable ». Devoir rester à son domicile pour garder un petit malade, alors que son équipe travaille d'arrache-pied sur un projet, partir tous les soirs à 18 h, alors que certaines personnes de son service restent plus longtemps... Même si l'on a bien conscience d'avoir fait le job, on ressent quand même cette fameuse pointe de culpabilité au moment de quitter le travail.

### *Je cesse de culpabiliser*

Et voilà encore une injonction ! Votre entourage, les magazines ne cessent de vous le répéter : « Mais cesse donc de culpabiliser ! » De quoi encore plus culpabiliser... de culpabiliser ! Et si nous faisions l'inverse ? Si, au contraire, nous prenions le temps d'accepter nos sentiments ambivalents concernant la parentalité et le fait de travailler en ayant des enfants, pour arriver à dompter cette satanée culpabilité, sans la nier ?

Oui, nous adorons nos enfants et en même temps nous ne les supportons plus quand ils hurlent alors que nous passons un coup de fil pour un projet important. Et, oui, nous nous « éclatons » dans notre job et nous le détestons quand il nous fait rater leurs premiers pas ou les matchs de foot. Cette ambivalence des sentiments peut amener les parents à se sentir constamment tiraillés et finalement... jamais heureux. Accepter que cette ambivalence existe permet d'éviter de s'autoflageller.

Mais comment faire ? En ayant conscience de ses objectifs, en donnant ainsi du sens à ses actions et à ses choix... C'est en sachant exactement pourquoi vous allez travailler que vous arriverez à accepter ce choix, car vous en aurez identifié les raisons. Alors oui, on a tous des milliers de raisons de travailler, ne serait-ce qu'économiques. Mais cette raison économique, même si on peut avoir l'impression de la subir plus que de la choisir, est avant tout un véritable moteur pour laisser votre enfant à l'école le matin en sachant pour quoi vous le faites.

## Mon point coaching

*Et vous, pour quelle(s) raison(s) travaillez-vous ?*

## Retours d'expérience

Suite à l'animation d'une trentaine de groupes de partage (8 personnes par groupe) sur les bonnes pratiques professionnelles et parentales pendant et après les confinements de 2020, j'ai eu l'occasion de recueillir un grand nombre de bonnes pratiques. Les voici en synthèse.

**Je définis ma culpabilité**

En tout premier lieu, il s'agit de définir ce que l'on entend par culpabilité. De quelle culpabilité s'agit-il ?

Définir la forme de culpabilité ressentie est la première clé pour commencer le travail. Si vous avez des difficultés à définir le sommet du triangle (voir ci-contre) le plus touché par cette culpabilité, je vous invite à en parler avec vos proches pour définir le plus précisément possible ce que vous ressentez.

Une fois la culpabilité définie, agissez par petit pas. Pourquoi pas viser l'Everest... mais cela risque de vous décourager. Commençons par le tour de votre pâté de maison ou d'appartement, d'accord ?

## LE TRIANGLE

FEMME/HOMME

.......... /4

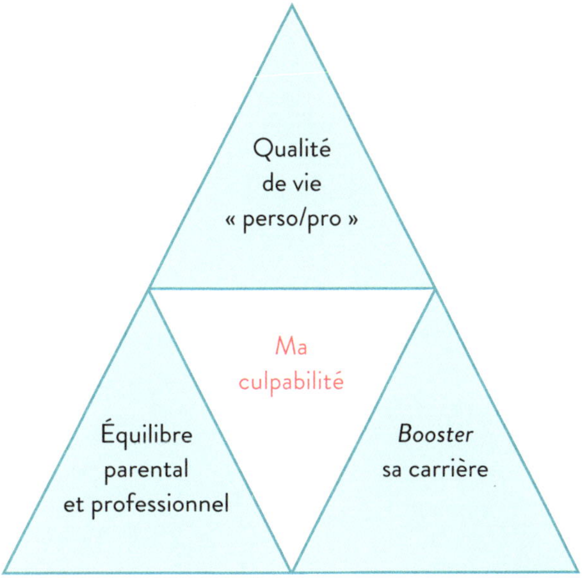


MÈRE/PÈRE

.......... /4

PROFESSIONNEL•LE

.......... /4

### Mon point coaching

*Vous en êtes où, vous, avec votre sentiment de culpabilité ?*
*Imaginons un triangle avec trois sommets : la femme/l'homme, la mère/le père et le professionnel·le. Sur une échelle de 1 à 4 représentant votre culpabilité vis-à-vis de votre enfant, liée au fait de travailler, et vis-à-vis de votre emploi, parce que vous avez un enfant, où situeriez-vous le curseur sur chacun des côtés du triangle ?*

..........

..........

..........

..........

# FIXEZ-VOUS DES OBJECTIFS « SMARTE » !

- **Spécifique :** Soyez précis quant à l'objectif que vous voulez atteindre, car « Il n'est pas de vent favorable à celui qui ne sait où il va » (Sénèque).

- **Mesurable :** Une fois l'objectif fixé, définissez vos indicateurs quantifiables et qualifiables.

- **Atteignable :** Cet objectif doit être accessible pour vous et votre entourage.

- **Réaliste :** C'est la technique du petit pas, souvent utilisée en coaching, c'est-à-dire étape par étape.

- **Temporel :** N'oubliez pas de prévoir une date précise de fin d'objectif, afin de regarder et de célébrer le résultat !

- **Écologique :** pour VOUS ! et votre entourage.

**EXEMPLE :**

**S :** Sur une échelle de 1 à 4 (4 représentant la note la plus culpabilisante), je souhaite diminuer mon sentiment de culpabilité « femme ». Il est actuellement à 3 car je ne m'accorde plus de place, j'ai le sentiment de ne jamais être contente, je suis très fatiguée, je ne prends même plus le temps de partager des moments agréables avec mon conjoint, car nous nous disputons beaucoup en ce moment.

**M :** Je verrai si mon sentiment de culpabilité « femme » diminue si :

- j'arrive à me coucher à 23 h maximum pendant 21 jours consécutifs ;
- je recommence à lire une dizaine de pages chaque soir ;
- j'arrive à ne râler qu'une fois par semaine contre mon conjoint ☺.

**A :** La note souhaitée est 2 et je me donne 3 semaines pour y arriver.

**R :** Je commencerai par me coucher à 23 h 30 et à lire 1 page par soir.

**T :** Le 21 septembre, je fais le point et je n'oublie pas de célébrer si j'atteins mon objectif.

**E :** Je vérifie si les délais sont « écologiques » pour mon entourage et moi.

## Mon défi

*C'est bon, vous avez votre triangle ? votre objectif SMARTE ? Souvent, le fait de poser les choses, de les matérialiser, permet déjà une première prise de conscience.*
*Maintenant, c'est à vous de jouer, afin de trouver une action concrète à mettre en place pour diminuer votre curseur « culpabilité » et vous sentir mieux.*

..........

..........

..........

..........

### Mon point coaching

*Avant de regarder les pages suivantes, qui vont vous offrir certaines clés pour vous débarrasser de vos multiples culpabilités, je vous propose de fermer les yeux, d'écouter votre respiration pendant une minute et ensuite de (re)trouver une image, un parfum ou une musique qui vous fait du bien. Ensuite, prenez le temps de répondre à ces deux questions, par écrit surtout, ce sera bien plus engageant !*

- *Quelle(s) action(s) pourriez-vous mettre en place pour diminuer votre culpabilité sur l'un des côtés du triangle ?*
- *Comment relever le compteur « femme » ou « homme » ?*

Pour ma part, sur le côté « femme », mon curseur était à 2/4 vis-à-vis de mon mari. Lorsque je le voyais prendre du temps pour lui le week-end alors que je m'agitais sans cesse pour « gérer » notre quotidien, je ne pouvais m'empêcher de lui en vouloir. Je culpabilisais vis-à-vis de lui, en me disant qu'il fallait que je sois contente pour lui, alors qu'en réalité j'étais jalouse qu'il arrive, lui, à « flâner » ! Après avoir pris conscience de mes râleries lorsque « Monsieur » s'octroyait un peu de temps pour lire m'a fait réaliser que je ne comblais pas mes propres besoins. Après ce moment pour lui (qui n'était pas si long, en plus !), je m'apercevais également qu'il savait jouer avec les enfants en étant pleinement présent avec eux ! Mon sentiment de culpabilité vis-à-vis de lui a alors disparu, car j'ai repris ma place comme « femme » qui allait aussi prendre du temps pour « elle ».

### Astuce Tête

*Planifiez-vous une soirée par semaine pour VOUS en tant que femme ou homme. Cela peut se traduire par une sortie entre amis, un temps de film choisi rien que pour vous, un temps pour aller faire du sport, de la lecture, un bain, etc. Si vous vous dites : « c'est impossible, elle ne se rend pas compte... », eh bien ! pensez à la technique du petit pas, commencez par une sortie hebdomadaire d'une heure.*

**Astuce Cœur**

*Maintenant, quand je sens ce sentiment de « râlerie » monter en moi, ce qui me culpabilise par conséquent, je m'autorise à prendre quelques minutes pour me retrouver. Je pars dans une autre pièce, je prends conscience de ma respiration et ensuite je réfléchis pour définir mon besoin ici et maintenant. En général, sans même demander « l'autorisation familiale », je pars courir 30 minutes. L'envie de vivre ces petits moments en famille en pleine conscience revient comme par magie. Le curseur 2/4 « femme » descend alors à 1/4 vis-à-vis de mon conjoint, et celui de « mère » descend aussi en conséquence.*
*La culpabilité femme ou homme provient souvent du fait de ne pouvoir prendre le temps de se retrouver, de combler ses propres besoins. Pour un couple, l'arrivée d'un enfant est une révolution ! Une belle révolution, certes, mais une révolution ! Le temps passé à deux peut se faire rare. Plaire à l'autre commence par « se plaire » et c'est bien là toute la difficulté.*

**La culpabilité professionnelle**

Cette culpabilité peut naître lorsque vous vous dites que vos ambitions professionnelles ont diminué depuis que vous êtes parent, et que vous trouvez cela dommage...

Cette culpabilité peut aussi être ressentie vis-à-vis de votre manager ou de vos collègues : vous avez l'impression de ne plus suivre les dossiers clés de l'entreprise depuis que vous êtes parent ? Pour diminuer cette culpabilité professionnelle, demandez un retour à votre manager sur vos dossiers ou sur la façon dont vous avez conduit telle ou telle réunion. L'idée est de poser le maximum de questions ouvertes, de savoir laisser des silences, afin de pouvoir RECEVOIR.

**EXEMPLE :** Ne commencez pas votre phrase par : « Sur ce dossier, je n'ai pas été jusqu'au bout, car j'ai oublié de... », mais remplacez par : « Sur ce dossier dont l'enjeu était de..., que penses-tu de mon intervention ? » et laissez agir le SILENCE.

Si vous prenez un 4/5e suite à votre retour de congé maternité/paternité ou après, rappelez à votre manager votre engagement et votre professionnalisme. Gardez une posture haute sur le cadre que vous lui proposerez concernant la nouvelle organisation que VOUS souhaitez mettre en place. Ne subissez pas, anticipez ! Cela montrera votre implication. Concernant la façon de communiquer de manière efficace, je vous renvoie au « cerveau total » de Herrmann (voir page 44).

N'oubliez pas que devenir parent c'est gagner en compétences ! Inspirez-vous de « modèles » qui représentent pour vous cet équilibre vie pro/vie perso tant recherché ! Enfin, relisez la partie sur les opportunités professionnelles (voir page 16), cela vous redonnera force et confiance.

**La culpabilité parentale**

Cette culpabilité poursuit les parents actifs quel que soit l'âge de leurs enfants, ne croyez-vous pas ? Certains ne cessent de ressentir ce sentiment de « Je n'ai pas fait comme mon voisin, lui, il n'oublie jamais de donner le goûter des enfants à l'école » ou « Je ne me souviens jamais du nom de la maîtresse, et je n'ai jamais pu venir aux sorties de classe, cela veut sans doute dire que je ne suis pas assez impliqué », etc.

### Mon défi Tête/Cœur/Corps

*Je vous propose de prendre votre plume et d'écrire une lettre à votre enfant en commençant par : « Je travaille parce que... et voici ce que je ressens... ».*
*Une véritable approche Tête/Cœur/Corps, cet exercice ! La « tête » et le « cœur », car poser des mots est un bon moyen de dompter ce sentiment de culpabilité. Et le « corps », car écrire c'est passer à l'action et avancer. Cette lettre, vous pourrez la lui offrir lorsqu'il ou elle rencontrera à son tour ce fameux dilemme de l'équilibre des temps de vie. Ce sera un beau cadeau.*

Pour cesser d'être un parent coupable, le premier outil à votre portée, c'est donc d'accepter cette culpabilité tout en sachant ce que vous voulez réellement. Le deuxième outil est tout simplement à l'opposé des images que vous renvoient les pages glacées des magazines avec leurs interviews de *working mums* ou *working dads*, ou des comptes Instagram que vous suivez... Arrêtez de vouloir être parfait sur tous les plans et en tout temps ! *Bien coiffé·e, avec un physique sportif ayant préparé des petits plats bio pour vos têtes blondes ou brunes bien peignées tout en les faisant chanter en anglais, après une journée de travail où vous avez été efficace et créatif*... Stop ! Vous êtes en train de rêver... Ce n'est pas possible... ou alors au prix d'un épuisement intense ! Acceptez d'être parfois imparfait, acceptez de lever parfois le pied à la maison parce que vous menez un gros projet professionnel et *vice versa*... Acceptez et ne subissez pas !

→ **EN PRATIQUE :** Pour cela, choisissez vos batailles ! « Ok, la chambre des enfants est en bazar le week-end, mais on range le lundi soir », « Je travaille à fond ce dossier cette semaine, mais ce week-end, je n'ouvre pas mon ordinateur », « J'ai vraiment besoin d'aller courir, tant pis, pas de super gâteau au chocolat pour l'école demain, j'irai à la boulangerie », etc.

**EXEMPLE :** réalisez le fameux faire-part de naissance seulement si cela vous fait plaisir ! Il constituera un beau souvenir pour votre bébé plus tard. En revanche, si c'est contraignant, voire stressant, envoyez plutôt un mail avec une jolie photo ou un petit film ! Vous pourrez ainsi annoncer ce bel événement dans les temps, sans vous mettre la pression. Le gain financier pourrait même vous permettre d'ouvrir un compte en banque pour votre petit ou de vous offrir un soin, rien que pour vous !

**Astuce Corps**

*Laissez votre téléphone portable dans un tiroir ou à l'entrée de votre maison pendant ces moments précieux de jeux avec vos enfants. Ce geste doit devenir un rituel, afin qu'il ne vous prenne aucune énergie, ainsi vous serez vraiment disponible.*

**Astuce Cœur**

*Prenez du temps avec chacun de vos enfants en étant pleinement présent. Pour cela, mettez en place des protections* *(voir page 66)*.

**Astuce Tête**

*Acceptez de déléguer certaines tâches qui vous prennent trop de temps, au détriment du temps précieux accordé à ceux que vous aimez. Acceptez de repenser votre organisation, de faire différemment, pour gagner en sérénité.*
*Exemple : Marlène se sentait coupable de ne pas apprécier véritablement l'histoire du soir, car le coucher était toujours trop tardif. Marlène a finalement décidé de donner un bain tous les deux jours seulement à sa fille et celle-ci n'en a pas manifesté le moindre regret. Marlène a ainsi obtenu un peu de souplesse dans son emploi du temps du soir et se sent désormais plus sereine pour lui raconter son histoire au moment du coucher.*

Cette culpabilité parentale peut aussi venir de la fameuse séparation avec votre petit ou grand. C'est donc le moment de creuser le sujet pour transformer ce ressenti en force…

## La séparation

Au moment où vous lisez ces pages, peut-être regardez-vous votre enfant endormi, que vous devrez bientôt confier pour reprendre le travail. Vous vous dites que c'est bien beau, toutes ces explications sur la culpabilité, mais comment le laisser, lui, votre enfant, si petit, si fragile… Je ne vais pas vous le cacher, oui, c'est difficile de quitter son enfant… Alors, pour que cette séparation se fasse le plus en douceur possible, il est indispensable de la préparer en amont.

## Je prépare la séparation

### Astuce Cœur 1

Parlez à votre enfant. Imaginez que votre cher et tendre vous annonce un lundi matin qu'il part dans 10 minutes pour un voyage professionnel de 10 jours. Quel choc ! Je vois déjà votre tête… Même si cette comparaison est un peu exagérée, ce serait un choc similaire pour votre enfant, qu'il ait trois mois, trois ans ou plus, si vous retourniez travailler sans l'avoir prévenu. Depuis Françoise Dolto, on le sait, parler à un bébé est important pour lui, même s'il ne comprend pas tout ce que vous lui dites. Alors parlez à votre enfant, dites-lui que vous allez retourner travailler, pourquoi vous travaillez, qui va le garder, à quelle heure vous le déposerez et à quelle heure vous viendrez le chercher… Laissez parler votre tête en lui exposant les raisons pour lesquelles vous allez travailler, laissez parler votre cœur en n'hésitant pas à dire à votre enfant ce que vous ressentez et laissez parler votre corps en le prenant contre vous ou en le regardant droit dans les yeux… Il ne comprendra pas tout, mais il entendra votre voix rassurante et pourra poser un cadre sur ce qui lui arrive. Il percevra et donc comprendra, au-delà des mots. Bon, je crois qu'il y a quelqu'un à qui vous devez parler…

### Astuce Cœur 2

Soyez confiant·e dans le mode de garde, puis dans les relais que vous aurez choisis pour les retours de l'école (voir Annexe, page 162). La clé d'une conciliation réussie vie pro/vie perso, sans pleurs pour votre enfant, et sans étouffer de culpabilité, c'est d'être serein dans votre mode de garde. Vous ne pourrez pas laisser votre enfant et vous concentrer au travail si vous pensez, à tort ou à raison, qu'il n'est pas bien là où il est gardé. Alors, même s'il est difficile de le décider, il vaut mieux envisager d'en changer après quelques semaines, si vous constatez que vous « galérez », plutôt que d'accepter un mode de garde qui ne vous convient pas : ce n'est pas bon pour vous, ni en tant que parent, ni en tant que professionnel·le salarié·e, ce n'est pas bon pour votre enfant qui ressent votre manque de confiance et ce n'est pas bon non plus pour la personne qui garde votre enfant, parce qu'elle ne peut pas tisser un lien avec vous.

## Se séparer, c'est grandir

La vie de nos enfants est constellée de séparations, ne serait-ce que pendant l'accouchement : si l'enfant ne se séparait pas de sa mère… les deux mourraient ! D'ailleurs, avec la formation du placenta qui lui assure nutrition et respiration, l'enfant est autonome dès ses trois mois de vie utérine. Puis, la première fois où il est gardé, où il part en vacances chez ses grands-parents, la première fois qu'il va à l'école, la première fois qu'il prend l'avion pour faire ses études loin de vous... votre cœur de mère ou de père se serre, et lui ressent peut-être aussi une certaine appréhension... Pourtant, chaque fois que l'un de ces nœuds se desserre pour qu'il puisse partir, c'est un autre nœud qui se forme, une sorte de nœud qui sert d'appui à l'enfant, qui lui permet de grandir. Se séparer, c'est aussi laisser grandir son enfant, malgré la souffrance que vous pouvez ressentir. Pensez-y quand vous confiez votre bébé la première fois... C'est là votre rôle de parent.

Alors oui, parentalité et culpabilité vont souvent de pair. Mais ne laissez pas cette dernière vous ronger et vous épuiser !

### Mon point coaching

*Vous avez placé votre curseur « culpabilité » dans votre triangle (voir page 75). Exprimez votre ressenti aux parents que vous connaissez et échangez avec eux sur votre triangle, vous verrez que vous n'êtes vraiment pas le seul ! Le fait d'en parler autour de vous, de libérer votre parole et vos émotions, vous permettra de faire un grand pas pour passer du parent coupable au parent professionnel responsable.*

# JE COMMUNIQUE EFFICACEMENT

Vous vous sentez un peu mieux maintenant, après avoir lu les pages précédentes ? en tout cas un peu moins coupable ? Et pourtant, vous vous demandez toujours si vous avez envie de reprendre votre job. Et, si l'envie est là, si vous en serez capable ?

Pour ma part, je me rappelle très bien avoir franchi en larmes la porte d'entrée de l'immeuble de mon bureau le premier jour de mon retour de congé maternité, alors que tout était pourtant bien organisé (le mode de garde, la séparation, la reprise de poste...). Oui, mais voilà, je quittais mon enfant et je me posais aussi plein de questions : « Après ces quelques mois d'arrêt, vais-je retrouver ma capacité de travail ? Vais-je pouvoir me concentrer ? Vais-je à nouveau comprendre les relations dans l'entreprise ? » Alors ce jour-là, j'ai pris mon téléphone et raconté tous mes doutes à ma sœur. En raccrochant, je me sentais rassérénée et prête pour ma nouvelle vie... J'ai alors pris directement rendez-vous avec mon chef pour faire le point (voir page 22) ! Car oui, la communication, et sous toutes ses formes (au bureau, avec votre conjoint, avec votre enfant, etc.), est une des clés pour trouver votre équilibre entre votre vie de mère ou de père et votre vie professionnelle. Encore faut-il communiquer efficacement... Tour d'horizon !

## Je développe une communication efficace avec mon conjoint

Certaines mamans que j'ai rencontrées et qui se posaient la question de savoir si elles allaient reprendre le travail ou pas m'ont confié qu'elles se demandaient comment il pourrait leur être possible de retourner travailler alors qu'elles « s'occupaient de tout à la maison ! ».

### *J'accepte de le laisser faire à sa façon*

Bien sûr, si vous êtes en congé maternité ou parental, vous êtes la plupart du temps à la maison et vous vous occupez de votre enfant (et peut-être même de plusieurs enfants !) et de certaines tâches dites domestiques... Cela est ultrachronophage (et très fatigant d'ailleurs...), alors vous avez du mal à vous projeter dans une vie où vous n'êtes pas à la maison en permanence ! Cela peut être valable pour les pères, bien entendu ! Certains papas ayant pris leur congé parental se sont beaucoup investis dans le quotidien et au moment de reprendre, ils ont également du mal à se projeter dans leur travail.

Dois-je vous rappeler que votre enfant a un père et une mère ? Et que votre moitié est essentielle à votre épanouissement de vie de femme ou d'homme, de vie de parent et de vie professionnelle ? Un seul mot d'ordre : communiquez avec votre moitié, car les cartes ont changé maintenant.

**À SAVOIR :** Votre réussite professionnelle ne dépend pas que de vous ! Elle varie aussi en fonction de la personnalité de votre moitié ! Ce sont deux chercheurs (une femme, un homme) de l'université Washington de Saint-Louis (Missouri) qui l'affirment. Selon Brittany Solomon et Joshua Jackson[10], en effet, plus votre conjoint est « consciencieux », plus votre salaire est élevé. Même résultat lorsque l'on se penche sur la satisfaction apportée par son job ou sur les promotions : plus l'entente est bonne avec son amoureux, mieux on se sent dans son poste, et plus on grimpe dans la hiérarchie.

**Vous venez de sortir de la maternité, vous avez passé un temps privilégié avec votre petit bout de chou, les sages-femmes vous ont même appris à changer une couche, à nettoyer le fameux cordon (qui n'est pas si fragile !), à donner le bain à votre petit, et voilà que votre moitié arrive et trouble le nid que vous avez si bien organisé… !**

**Vous auriez tendance à lui dire : « Tes mains sont propres, j'espère ? » ; « Pas comme ça, voyons ! » ; « Mais, fais attention ! » ; « Non, les collants rouges avec ce haut vert, cela n'est pas possible ! », et j'en passe…**

→ **EN PRATIQUE :** Mesdames, pour continuer à filer le parfait amour avec votre cher et tendre… aidez-le au début et soyez hyper-indulgente ! Sachez que votre chéri n'a pas eu tous les bons conseils de l'hôpital, qu'il est complètement bouleversé lui aussi. En plus, il a dû gérer toute la partie administrative, les éventuelles gardes des autres enfants, bref, c'est la panique ! Et puis, au début, rappelez-vous que l'habillage, le bain, etc., n'étaient pas faciles pour vous non plus, alors faites-lui confiance et surtout encouragez-le, même s'il ne fait pas exactement comme vous auriez fait. Promis ?

10. Voir Bibliographie, page 183.

## *Partager pour mieux gérer*

Laisser votre moitié s'occuper de votre enfant, c'est accepter d'abandonner votre toute-puissance… Bonne nouvelle, lorsqu'on accepte de ne plus tout porter sur ses épaules, la fameuse culpabilité (voir page 71) diminue aussi, puisque vous n'êtes plus responsable de tout. Votre cerveau retrouve un peu d'espace libre, et vous, un peu d'oxygène, parce que vous n'êtes plus le seul et unique à penser au pédiatre, au goûter, à laver les affaires de sport pour le prochain match de foot… Si, si, je vous assure, votre bien aimé·e peut aussi s'en occuper… La clé est d'en discuter avec lui régulièrement… Et surtout, de manière posée, en adoptant le « parler vrai ».

## *Je parle « vrai » avec ma moitié*

Vous formez désormais une famille, vous êtes là pour vous entraider dans cette recherche d'un nouvel équilibre. Alors, faites part à votre conjoint de vos doutes, de vos attentes et de vos besoins. Justement, je vous propose un petit exercice à faire avec lui dans le calme.

### *Mon point coaching*

*Cet exercice à faire en couple est inspiré d'un atelier « Alpha Couple[11] » sur la communication. Il prend tout son sens lorsque l'on devient parent, car ce n'est plus MOI + TOI, mais NOUS avec votre ou vos enfant(s). Les dynamiques, les besoins, les attentes et donc vos équilibres ont changé. Il est temps de prendre de la hauteur.*

*Consigne : téléchargez et imprimez en deux exemplaires l'exercice ci-contre ! Pratiquez l'écoute ACTIVE, c'est le moment !*

11. www.parcoursalpha.fr/couple

# CRÉER UN COLLECTIF DE PARENTS SOLOS

J'ai bien conscience que la famille peut prendre des formes diverses et variées, parents célibataires, divorcés, à la tête d'une famille recomposée… À ces derniers, ceux qui doivent jongler le plus souvent seuls entre vie pro et vie perso, je souhaite dire toute mon admiration. Et je ne peux que vous encourager à vous entourer d'alliés, à adhérer à des réseaux (comme uniparent.com, par exemple, mais il en existe bien d'autres).

Créer un collectif de parents solos peut être une excellente initiative. Voici quelques idées pour le mettre en place :

**Étape 1 : Constituer le « NOUS » qui sera le premier noyau du collectif**
Lorsqu'on veut lancer un collectif, il faut tout de suite commencer à plusieurs. Au moins deux, plutôt trois. Et il faut se poser les questions suivantes : pourquoi es-tu là ? pourquoi suis-je là ? qu'avons-nous envie de partager ? cela répond à quels besoins, à quelles envies ?

→ **EN PRATIQUE :** Charlotte a par exemple mis dans tous les casiers des enfants de la crèche une petite invitation aux parents pour se rencontrer autour d'un apéritif dans un café du quartier. Le collectif a ainsi pu émerger et les parents se sont rencontrés et ont échangé sur une entraide possible.

**Étape 2 : Aller chercher d'autres parents pour construire le projet**
Une fois le projet défini, il faut aller chercher tout de suite d'autres personnes pour le partager et répondre avec eux aux questions : que voulons-nous faire… ENSEMBLE ? pour qui ? avec qui ? pour partager quel but (les objectifs du collectif) ? avec quels moyens ? quelles ressources ? quels sont nos besoins ?

**CONSEIL :** Commencez à mener des actions concrètes ensemble (sorties, goûters partagés, etc.) sans attendre que le projet soit abouti.

**EXEMPLE :** Avant de vouloir organiser les trajets pour une activité extrascolaire entre parents, commencez par créer votre groupe *Signal* pour vous revoir autour d'un café ou d'un verre, afin de clarifier ce que vous souhaitez construire ensemble et ainsi réfléchir à construire la meilleure organisation possible. Cela vous permettra de trouver une personne digne de confiance pouvant faire ces trajets. But : gagner du temps sur les conduites partagées et faire se rencontrer les enfants entre eux.

## Mon défi

*1. Après avoir effectué l'exercice page 88, rappelez-vous les trois priorités de votre moitié : reformulez-les et exprimez ce que vous ressentez.*
*2. Écrivez vos trois priorités respectives sur un tableau ou sur le réfrigérateur. Et surtout, échangez en toute franchise, n'attendez pas que l'autre devine. Prenez le temps de donner des exemples concrets de ce que votre conjoint pourrait faire pour répondre à vos désirs.*

........................................................................................

........................................................................................

........................................................................................

*Comment vous sentez-vous maintenant ? Y a-t-il eu des surprises sur le résultat ? Grâce à cet exercice, vous prendrez du recul sur vos attentes et sur celles de votre conjoint. En connaissant ses priorités (qui sont peut-être nouvelles ?), vous pourrez réajuster votre communication, et inversement.*

# Je communique de manière apaisée avec mon enfant

Dans l'enquête que j'ai réalisée auprès des parents *bboosstt*, certains parents, qui étaient encore en congé maternité ou en congé parental, m'ont confié leur inquiétude sur un point en particulier : « Les fins de journées sont déjà difficiles avec mon enfant, entre le bain, le repas, et tout cela dans les pleurs… comment ferai-je lorsque je rentrerai éreintée d'une journée de travail ? » (Perrine).

La crainte des parents qui hésitent à retourner travailler est légitime. Les fins de journées peuvent être, en effet, difficiles et très frustrantes :

- Vous avez couru dans les couloirs du métro pour être à l'heure au centre de loisirs et, en arrivant, votre enfant refuse de quitter son jeu pour vous rejoindre, alors que vous devez aussi aller chercher la petite sœur à la crèche et, accessoirement préparer un repas pour toute la famille ?

- Vous vous êtes réjoui·e à l'idée de retrouver votre bébé le soir, mais voilà que celui-ci, fatigué par sa journée, passe le créneau 19-20 h à pleurnicher, accroché à vos mollets, alors que vous êtes vous-même éreinté·e par des réunions difficiles au bureau ?

Oui, certaines fins de journées entre pleurs, crises et crispations ne ressemblent pas à la vie idyllique que vous aviez imaginée en mettant cet enfant au monde...

Il n'existe pas de baguette magique, il y aura toujours des soirées où la fatigue tendra l'atmosphère familiale, mais il existe aussi des trucs et astuces pour vivre des fins de journées plus apaisées !

### *L'approche Faber et Mazlish*

L'éducation positive est en vogue ; il existe plusieurs courants tous très intéressants, mais c'est l'approche de communication développée par les Américaines Adele Faber et Elaine Mazlish qui m'a semblé la plus adaptée à la vie de famille. Pourquoi ? Parce que cette méthode est claire, accessible et pratique, parce que des ateliers complètent la lecture des livres[12] (best-sellers !) et parce qu'en tant que coache professionnelle, toujours à l'écoute de mes clients, j'adhère complètement à cette méthode qui prône l'écoute des sentiments de l'enfant. Je dédie cette partie à celle qui l'a écrite, Cécile Schneider, qui a été formée à cette méthode pour animer de façon bénévole des ateliers avec des parents au sein d'une association.

12. *Parler pour que les enfants écoutent, écouter pour que les enfants parlent*, Phare, 2012 et *Frères et sœurs sans rivalité*, Phare, 2013.

Une des bases de cette approche, développée par deux Américaines il y a plus de 40 ans déjà, est en effet l'écoute des sentiments de nos enfants. Si l'on s'écoutait, on se rendrait compte que l'on passe son temps à nier leurs sentiments : « Tu es tombé, allez ce n'est rien ! », « Mais non, cela ne fait pas mal… », « Tu as trop chaud ? Mets ton pull, il fait froid ! » Ce mode de communication est tellement ancré qu'il en devient presque réflexe. Il peut donner lieu à des scènes de fin de journée qui vous sont peut-être familières : « Allez, non, tu n'es pas si fatigué que cela, marche un peu plus vite, on doit rentrer », « Mais arrête donc de pleurer ! Tu pleures pour aller chez la nounou le matin, et tu pleures le soir quand tu en pars… tu ne sais vraiment pas ce que tu veux… »

### *Mon point coaching*

*Respirez, et prenez le temps d'écouter attentivement votre enfant et de nommer le sentiment qu'il ressent... « Je vois que tu as l'air très fatigué, la maison doit te sembler loin... », « J'entends que tu n'as pas envie de quitter le jeu que tu étais en train de faire chez ta nounou... »*
*Votre petit se sentira écouté et son réservoir affectif se remplira instantanément. Rappelez-vous, d'autant plus si votre enfant a moins de 6 ans, qu'il a été séparé de vous toute la journée, qu'il a dû prendre sur lui, supporter le bruit à la cantine, être sage à l'école... Vous revoir lui permet de relâcher toutes les tensions accumulées pendant ce temps. Alors oui, vous aimeriez qu'il vous saute au cou tout sourire quand vous rentrez... mais s'il ne relâche pas ses tensions avec vous, avec qui le fera-t-il ? L'écouter attentivement permettra de dépasser plus rapidement ce « pétage de plomb » naturel et de repartir vers une soirée apaisée. Attention, je vous dis de l'écouter attentivement... Pas une oreille vissée au portable et le sac de courses prêt à être dégainé ! Prenez le temps de prendre un peu de temps pour vous occuper pleinement de votre enfant. Ce sera loin d'être du temps perdu, à tous niveaux, et aussi parce que le reste de la soirée se passera de manière plus agréable.*

## *Gérer devoirs, bain et repas... dans le calme*

Si un micro était installé dans les maisons sur le créneau 18-20 h, on entendrait sûrement un nombre de fois certain : « Allez, viens, on va prendre le bain... Comment cela, tu ne veux pas te laver ? Au bain, je te dis ! Mets ton pyjama, mets ton pyjama, trois fois que je te dis de mettre ton pyjama, etc. »

Avez-vous remarqué l'énergie folle que vous dépensez à dire et répéter à vos enfants de se laver les dents, de cesser de jouer pour venir manger, de faire leurs devoirs... Épuisant, non ? Pour reprendre les termes employés par Faber et Mazlish, comment faire pour susciter la coopération de vos enfants ? Parce qu'elle vous serait bien utile, leur coopération, sur ce créneau de la fin de journée !

# CAS CONCRET

Vous rentrez chez vous vers 19 h, avec votre bébé dans les bras et votre aîné de 4 ans, que vous êtes allé respectivement chercher chez la nounou et au centre de loisirs. Comme tous les soirs, vous demandez à votre fils de ranger ses chaussures dans le placard prévu à cet effet et, comme tous les soirs, il lance ses chaussures au milieu du couloir et les laisse à cet endroit… ce qui a le don de vous exaspérer, alors que vous avez les bras encore chargés et que vous êtes fatigué·e de votre journée.

Comment faire pour susciter la coopération de votre enfant, à savoir qu'il range ses chaussures ? En suivant les habiletés enseignées par Faber et Mazlish, dans ce cas précis, essayez de :

- **Décrire** : « Je vois une paire de chaussures qui traîne par terre. » Vous verrez, même si cela n'arrive pas jusqu'aux oreilles de votre enfant, rien que de prendre le temps de décrire ce que vous voyez aide à prendre du recul, à faire redescendre la pression… et évite ainsi de vous faire crier !

- **Donner du renseignement** : « Les chaussures laissées en plein milieu du couloir peuvent faire tomber quelqu'un. » Ce genre d'information permet à votre enfant de comprendre par lui-même pourquoi les chaussures doivent être rangées tous les soirs.

- **Le dire en un mot** : Dans ce cas précis, « chaussures » ! Testez et vous serez étonné·e de voir comme c'est souvent beaucoup plus efficace qu'abreuver votre enfant de paroles sur ce qu'il aurait dû faire.

- **Parler de vos sentiments** : Ce n'est pas parce qu'on est parent que l'on ne doit plus rien dire de ce que l'on ressent… Ou sinon, gare à l'effet « Cocotte-Minute® » qui vous fera exploser de colère peu de temps après. Dites à votre enfant que vous êtes fatigué·e, que vous aimeriez que les chaussures soient rangées dans le placard, afin d'éviter que quelqu'un ne tombe… Et puis, tout simplement, parce que c'est plus agréable de circuler dans un couloir dégagé. Exprimez sincèrement vos sentiments, en prenant garde de vous exprimer en mode « Je » et non en accusant votre enfant : « Je suis fatigué·e ce soir, cela me dérange de voir les chaussures en pagaille », au lieu de : « Tu as encore laissé tes chaussures traîner ! » N'employez pas le « tu qui tue » !

- **Écrire une note pour les enfants qui sont plus grands ou bien faire un dessin avec des plus petits** : Pourquoi ne pas accrocher une photo des chaussures sur le placard pour leur permettre de visualiser ce qu'ils ont à faire ? Oui, je vous l'accorde, c'est très moche une photo de chaussures sur un meuble... mais cela ne va durer qu'un temps, croyez-moi. Et puis, là encore, il faut savoir choisir ses batailles : un couloir rangé et une photo, ou des chaussures en désordre !

Pour finir sur cet exemple, afin de susciter la coopération de votre enfant, vérifiez encore un point. La poignée du placard à chaussures est-elle suffisamment accessible ? En effet, vous attendez souvent beaucoup de vos enfants, vous vous énervez parce qu'ils semblent ne pas vouloir coopérer, et puis ensuite vous remarquez que c'était trop haut/trop loin/pas atteignable pour eux... Moralité, si vous voulez que votre enfant range ses chaussures ou accroche son manteau, vérifiez au préalable que c'est réalisable et adaptez votre environnement en fonction. Chez moi, par exemple, deux portemanteaux ont été fixés plus bas que les autres pour permettre aux enfants d'accrocher leurs vêtements sans aide. Vous souhaitez que vos enfants coopèrent ? Offrez-leur le cadre et les moyens de cette coopération !

**TÉMOIGNAGES :**

**Clothilde** : « Depuis que je vais voir mes enfants et que je les regarde bien dans les yeux lorsque je leur demande quelque chose, je m'aperçois qu'ils sont plus coopératifs, sinon ils ne m'écoutaient pas. Hurler à l'autre bout de la pièce fatigue et c'est inefficace ! »

**Cécile** : « J'ai installé des bacs à linge sale de couleurs différentes pour que mes enfants apprennent à trier leur linge en allant prendre leur bain... »

## *Des fins de journées en sécurité*

**En parlant de fin de journée, il y a ici un point sur lequel je souhaite insister : la sécurité. Cela fait froid dans le dos : selon l'INPES (Institut national de prévention et d'éducation pour la santé), les accidents domestiques sont la première cause de mortalité chez les enfants et sont deux fois plus mortels que les accidents de la route.**

**À SAVOIR :** Chez les jeunes enfants, l'intérieur de la maison représente le principal lieu d'accidents de la vie courante (plus de 80 % des cas). Pour les enfants de moins d'1 an, les accidents surviennent davantage dans la cuisine, la chambre et la salle de bain, sachant que 30 cm d'eau suffisent pour qu'un enfant, laissé sans surveillance, se noie. Quant aux accidents touchant les enfants de 1 à 4 ans, ils se passent le plus souvent dans la cuisine et la salle de séjour. Les chutes sont les plus fréquentes, quel que soit l'âge de l'enfant, puis viennent les brûlures, les étouffements, les coupures, les pincements, les noyades et les étranglements[13].

***A fortiori* parce que vous êtes fatigué·e en fin de journée, votre attention – et celle du papa bien sûr – doit redoubler. Tant pis si le repas brûle, il vaut mieux vérifier la nature du bruit suspect entendu dans la chambre du petit dernier.**

**Bannissez les situations à risques :**

- **ne laissez pas de chaise près d'une fenêtre ;**
- **ne laissez jamais, ô grand jamais, votre enfant seul dans son bain, même juste le temps de préparer ses habits pour le lendemain ;**
- **ne laissez pas votre bébé tout seul dans sa chaise haute, même pour aller chercher les aînés qui, décidément, ne viennent pas manger ;**
- **mettez des protège-prises, etc.**

13. Source : www.accidents-domestiques.com.

Expliquez les dangers à votre enfant : faites- lui comprendre, de façon claire et adaptée à son âge, les risques qu'il court et la manière de les éviter. Et surtout, formez-vous, ainsi que votre conjoint, aux gestes d'urgence !

### *Astuces « spécial fin de journée »*

Je vous ai confié ce qui a sauvé mes fins de journées, la lecture de Faber et Mazlish (voir page 91), et j'ai fait le point avec vous sur la sécurité. Pour compléter et parce que je sais que ce sont des moments de la journée qui ne sont pas toujours faciles et où l'on a bien besoin de soutien, voici, pêle-mêle, quelques-unes de vos astuces « spécial fin de journée » que vous m'aviez confiées lors de mon enquête :

- « Je coupe mon portable quand je suis avec mes enfants, entre 18 h 30 et 20 h 30, et je l'ai indiqué à mes proches pour qu'ils me rappellent plus tard s'ils souhaitent me joindre. » Justine.
- « En rentrant du travail, je m'accorde 5 minutes en bas de l'immeuble au moment de rentrer chez moi. Je respire, je bâille, je m'étire, bref ! les voisins doivent me prendre pour une folle, mais j'ai besoin de ce sas de décompression entre mon boulot et ma vie de famille. » Clara.
- « J'ai ritualisé les gestes du soir tels que passer aux toilettes/se laver les mains/se laver les dents sous forme d'une comptine. On la chante à partir du moment où le repas est terminé... Les enfants adorent et la respectent scrupuleusement ! » Céline.
- « Si je sens que je vais m'énerver parce que les enfants crient et ne m'écoutent pas, je respire un bon coup, puis je commence à chuchoter. Généralement, cela les surprend tellement qu'ils se taisent pour pouvoir m'entendre... Et ils commencent eux aussi à chuchoter ! » Aurore.
- « Je passe un moment avec chacun de mes trois enfants au moment du coucher. Oui, c'est vrai, cela me prend un peu de temps, mais ce tête-à-tête me permet souvent d'apprendre des choses sur leur journée, qu'ils ne m'ont pas encore dites, et bien souvent de consoler un chagrin. Aussi et surtout, je n'ai plus à supporter leurs innombrables levers comme avant, car une fois couchés et écoutés, ils s'endorment comme des bébés ! » Marion.

- « Je prévois de solliciter la nounou une demi-heure de plus, trois jours par semaine. J'économise sur d'autres postes, mais c'est un vrai gain pour moi. Cela m'évite de courir systématiquement pour arriver à l'heure, d'être en panique si le RER a un problème… Cette demi-heure de battement me permet d'arriver plus détendue à la maison. Soir après soir, c'est bon pour moi et c'est bon pour mes enfants qui ne voient plus une mère toute échevelée, en nage et le souffle court, venir les chercher *in extremis*… » Raphaëlle.
- « Une fois par semaine, c'est mon conjoint qui gère le créneau infernal de 18 h 30-20 h 30. Moi, j'en profite pour travailler un peu plus tard, boire un verre avec une amie ou faire du sport. Quand je rentre, les enfants dorment paisiblement. Et pour moi, c'est un grand bol d'oxygène pour affronter les autres jours de la semaine ! » Clothilde.
- « Je fais la sieste le week-end. En quoi c'est une astuce pour communiquer de manière apaisée avec mes enfants en fin de journée ? Mais parce que j'ai besoin de dormir, moi ! Je sens très bien que lorsque la fatigue s'accumule, je suis beaucoup moins patiente avec mon entourage et donc avec mes enfants ! Alors, la sieste le week-end, c'est obligatoire pour passer une semaine zen ! » Christine.
- « Si je sens que mes enfants sont très excités un soir, j'arrête toutes nos activités et je propose le "massage météo". C'est un massage express sur le dos des enfants, accompagné d'une histoire d'orage et de soleil… Ils adorent, ils le répètent entre eux, et ensuite la soirée est beaucoup plus détendue. » Magalie.

**À SAVOIR :** Vous voulez en apprendre plus sur ce « massage météo » que Magalie a découvert en se formant au massage à l'école au sein de MISA France (www.misa-france.fr) ? Le massage à l'école contribue au bien-être des enfants, au respect de soi et des autres, il diminue la violence dans les établissements scolaires. S'il fonctionne à l'école, il est aussi très efficace en famille. Téléchargez le document ci-contre et expérimentez ce massage.

### Astuce Tête/Cœur/Corps

*Je vous propose un jeu de fin de journée avec les enfants, parce qu'il n'y a pas que les grands qui peuvent avoir une approche Tête/Cœur/Corps !*
*Demandez à votre enfant de mettre ses petites mains sur son cœur. Interrogez-le sur ce qu'il a préféré lors de sa journée, laissez-lui le temps de s'exprimer en expérimentant les silences… puis demandez-lui s'il y a quelque chose qu'il n'a pas aimé. Il doit ensuite souffler sur ses mains pour laisser partir ce qu'il n'a pas aimé. Vous verrez, ce moment est magique pour lui et pour vous (cerise sur le gâteau, vous en saurez bien plus sur ce qu'il fait en votre absence). Vous pouvez ensuite faire l'exercice inverse concernant votre propre journée, ainsi votre enfant vous connaîtra mieux et comprendra ce que vous y faites.*

## J'utilise ma « performance réseau »

S'occuper de son nourrisson, de ses autres enfants si on en a, aller chez le pédiatre, les faire manger, les baigner, les coucher… Le mercredi, je vous avoue attendre avec impatience que mon mari rentre le soir pour pouvoir échanger avec lui, après la journée passée avec mes trois enfants… La sensation d'isolement n'est pas loin, c'est pour cela que je ne peux que vous encourager à profiter des rencontres parents/enfants que proposent éventuellement votre mairie ou les associations de votre ville pour rencontrer d'autres parents et briser la solitude que l'on peut ressentir – plus spécifiquement en congé maternité. Certains parents m'ont confié qu'heureusement il y avait Internet et que Facebook et les blogs qu'ils suivaient représentaient pour eux « une fenêtre sur le monde ». Très bien ! Alors profitez-en pour mettre en place votre « performance réseau ». Et même si votre petite voix vous dit : « Vous me parlez de réseau, mais je n'ai même pas le temps de m'occuper de moi ! », même si vous pensez que devenir parent ne vous laissera pas la place pour construire ou mettre à jour votre fameuse page LinkedIn… Eh bien, justement ! c'est le moment de prendre un peu de temps pour envisager le long terme.

## Quelques chiffres

**À SAVOIR :** Avec la pandémie de la Covid-19 en 2020, l'utilisation des réseaux sociaux dans le monde n'a eu de cesse d'augmenter. C'est sans doute l'activité en ligne la plus populaire et ayant le plus fort taux d'engagement. Les chiffres « réseaux sociaux 2020 » annoncent 3,8 milliards d'utilisateurs, soit 49 % de la population mondiale. La progression de l'utilisation des réseaux sociaux est fulgurante, avec 8,7 % d'utilisateurs supplémentaires par rapport à 2019.

Aujourd'hui, la France compte 38 millions d'utilisateurs actifs des réseaux sociaux, soit 58 % de la population. En termes de classement des réseaux sociaux, les médias sociaux les plus utilisés en France sont YouTube et Facebook, suivis de Facebook Messenger et Instagram (Hootsuite 2019). Il y a également plus de 20 millions de Français (soit 64 % de la population active !) utilisateurs du réseau LinkedIn. J'ai souhaité développer ce dernier réseau, car je ne suis pas favorable à Facebook, gros mangeur de temps et trop intrusif au niveau privé.

## Les réseaux, mais pour quoi faire ?

**Au niveau professionnel**, même en étant salarié·e, vous aurez toujours intérêt à multiplier les contacts pour faire de la veille sur votre propre activité, lire les posts des personnes influentes que vous avez sélectionnées, suivre les groupes de discussion et entreprises en lien avec votre activité. C'est justement le suivi de cette précieuse actualité qui vous permettra de grandir dans votre expertise et d'élargir votre périmètre. De nouvelles idées arriveront grâce à toutes vos lectures et vous permettront ainsi par exemple d'aller au-delà de ce que votre manager vous demande. C'est le premier pas vers le chemin de la promotion, pour ceux qui le souhaitent.

**Au niveau personnel**, vous pourrez élargir vos centres d'intérêt et vous apercevoir que vos deux sphères, personnelle et professionnelle, sont finalement étroitement liées et que cela ne pose aucun problème. Les règles du jeu en réseau sont claires. Vous avez tout à fait le « droit » de demander de vous mettre en contact avec telle ou telle personne sans pour autant renvoyer systématiquement l'ascenseur. On a tendance à croire que « demander » est un comportement opportuniste et donc que c'est répréhensible... Je vous invite à penser autrement, car oser faire ce pas en avant signifie également que vous allez grandir et un jour, sans doute, vous serez sollicité·e à votre tour et vous rendrez la pareille, voire plus ! Pour moi, les réseaux, c'est comme le billard français, ça se joue en plusieurs bandes.

## *Comment optimiser mon profil LinkedIn ?*

Compte tenu des chiffres (voir page 100), j'ai délibérément choisi de me concentrer sur LinkedIn et de vous donner quelques astuces pour créer (pour ceux qui ne l'ont pas déjà fait), puis optimiser votre profil.

**Ayez une photo « professionnelle » et un libellé de fonction clair**

Votre profil a sept fois plus de chances d'être regardé s'il comporte une photo. Choisissez une photo portrait de bonne qualité, où l'on ne voit que vous (LinkedIn n'est pas Facebook).

> **À SAVOIR :** Des Forums tels que « Elle Active », par exemple, proposent de réaliser pour vous des photos professionnelles gratuitement.

Indiquez une fonction, la plus explicite possible et pas forcément votre titre actuel, en vous définissant de façon précise. Par exemple : « Spécialiste en ressources humaines et droit social, Chargée de ressources humaines chez XX ». Vous augmenterez ainsi votre visibilité sur LinkedIn.

**Optimisez le référencement de votre profil LinkedIn**
Remplissez entièrement votre profil. LinkedIn aura ainsi davantage de mots clés pour lier votre profil à des résultats de recherche. Votre profil pourra alors « remonter » sur les pages de résultats. Déterminez une liste de mots-clés pertinents en rapport avec votre expertise et vérifiez son volume de recherche *via* le « *Keyword Planner* » de Google. Choisissez les meilleures combinaisons.

**Faites figurer dans votre signature mail un lien vers votre profil LinkedIn**

→ **EN PRATIQUE :** Vous pouvez personnaliser l'URL de votre profil comme suit : fr.linkedin.com/in/bboosstt.

**Obtenez des recommandations de collègues ou clients**
Pas facile, cette partie, mais encore une fois, n'hésitez pas à les demander à vos collègues et anciens collègues, ou employeurs. Certains le feront, surtout si vous leur proposez de le faire en retour pour eux. Votre petite voix intérieure vous souffle sans doute que jamais vous n'oserez demander… Pensez à Benjamin Franklin qui a résumé ainsi cette vérité : « Si tu veux te faire un ami, laisse quelqu'un te rendre un service. » Alors… timide ou non, foncez !

→ **EN PRATIQUE :** Vous pouvez aussi prérédiger une recommandation, afin de faciliter la tâche aux personnes sollicitées qui n'ont guère envie d'y passer du temps.

**Postez des articles qui vous identifient**
Partagez vos lectures en ajoutant un commentaire personnel sur votre secteur d'activité et en lien avec votre expertise. Ayez toujours en tête que vos publications peuvent attirer du monde vers votre profil, alors vérifiez qu'elles reflètent l'image professionnelle que vous voulez renvoyer de vous.

→ **EN PRATIQUE :** N'hésitez pas à *liker* des articles postés par votre réseau, cela entretient vos rapports avec ses membres et permet d'être plus visible.

**Rejoignez des groupes LinkedIn et participez aux discussions**

→ **EN PRATIQUE :** Trouvez des groupes dans votre domaine de compétence, en regardant ceux auxquels appartiennent vos contacts ou en recherchant des mots-clés liés à votre secteur d'activité.

**EXEMPLE DE GROUPE LINKEDIN :** Rejoignez le groupe « Parents *bboosstt* », il y a plein d'articles sur la conciliation de la vie professionnelle et de la vie parentale !

Vous savez maintenant optimiser votre profil !

## *Je garde mes alliés !*

Il n'y a pas que les réseaux sociaux virtuels, il y a également les réseaux réels à créer, et à garder surtout ! Mais attention, il reste à distinguer qui sont vos alliés et ce que vous en faites.

Explications : dans le monde de l'entreprise, on peut considérer qu'il y a différentes catégories de personnes, notamment les personnes qui ont du pouvoir, c'est-à-dire celles qui ont de l'influence grâce à leur expérience, leur ancienneté ou grâce à un statut, un grade :

- Certaines de ces personnes sont positives et sont souvent là pour vous aider, pour faire avancer vos projets ; vous sentez que ces personnes sont avec vous, dans votre camp, ce sont vos alliés.
- Inversement, il existe aussi des personnes qui ont du pouvoir et qui peuvent être (et sont souvent) opposées à ce que vous entreprenez. Les oppositions rencontrées peuvent être expliquées par un manque

d'information, un manque de confiance, ou parce qu'il n'y a pas de sentiment d'affinité entre vous.

**Premier objectif : repérer qui sont vos alliés**

C'est-à-dire les personnes qui ont du pouvoir et qui sont avec vous.

*Astuce Tête*

*Vos alliés sont ceux qui répondent à vos mails, vous soutiennent et savent vous faire des retours constructifs. Ils aiment développer le potentiel des personnes et c'est souvent la raison pour laquelle ces alliés ont eux-mêmes évolué.*

**Deuxième objectif : ne pas tomber dans un piège...**

Celui de passer tout votre temps avec les personnes réticentes, qui s'opposent à vos projets. Nous avons souvent tendance à vouloir les convaincre. La clé réside dans le fait d'inverser la tendance ! Gardez votre temps pour vous occuper de vos alliés ! N'oubliez pas de leur faire des retours sur les projets auxquels ils ont contribués, invitez-les à célébrer les succès.

**Troisième objectif : fidéliser ses alliés**

En fonction des profils de vos alliés, il y a plusieurs façons de les garder, de les fidéliser (voir le DISC de Marston, page 19). Certains auront besoin de reconnaissance, d'autres de résultat, certains profils auront besoin de sécurité, ou d'appartenir à un groupe. En tout état de cause, n'oubliez jamais de remercier, d'inviter les interlocuteurs clés qui ont contribué à faire avancer vos projets. Aujourd'hui, dans notre course folle, nous passons trop vite d'un projet à l'autre sans prendre le temps de remercier ni de célébrer la fin de ce projet avec nos alliés. Pourtant, c'est grâce à eux que vous pourrez grandir et qu'ensuite vous ferez grandir... Ne vous inquiétez pas : prendre le temps de remercier, célébrer, vous permettra également de renforcer la confiance en vous, car comme vous marquerez l'événement, cela vous permettra de vous en souvenir.

### *Je garde le contact*

Au-delà des réseaux, je terminerai avec un point essentiel : le contact humain ! La parentalité est une période propice pour organiser des déjeuners/petits déjeuners avec de nouvelles personnes ou maintenir un lien sacré avec celles et ceux que vous aimez.

**Anne-Lise** : « J'ai organisé un apéro/échange de jouets avec ma voisine et une amie qui avaient des bébés de la même tranche d'âge que le mien, nous avons échangé nos jouets pour deux semaines et tissé des liens entre mamans, c'était un super moment ! Nos bébés ont maintenant trois fois plus de jouets, et la formule est économique ! »

Au niveau professionnel, avant ou pendant votre congé maternité ou parental, je vous conseille de garder le contact avec vos collègues ou manager – tout dépend de vos relations avec eux. Idéalement, avant votre départ en maternité, vous avez même retenu la date du déjeuner d'équipe de votre retour, n'est-ce pas (voir page 160) ? Enfin, si vous décidez de retourner travailler, la communication concernant votre retour avec votre employeur est fondamentale.

**Céline** : « *Être claire dès le départ avec son ou sa responsable : qu'est-on prêt à accepter, ou pas ? Inconsciente, j'avais indiqué vouloir rentrer tous les soirs au plus tard à 19 h pour voir mon fils, mais en contrepartie j'acceptais de me connecter tous les soirs de chez moi pour travailler (et donc, il me fallait des outils me permettant cette connexion). La majorité des managers ont accepté cette condition, sauf un. Au final, cela m'a bien arrangée ! Ma situation serait devenue intenable. Je me suis organisée avec mon mari pour arriver au bureau vers 8 h/8 h 30 et repartir vers 18 h 30. Pourquoi aurais-je dû retravailler chaque soir ? J'avais seulement proposé cette alternative par culpabilité de rester moins longtemps que les autres au bureau ! Moralité : il faut toujours trouver une situation gagnant-gagnant avec son employeur.* »

Alors, où en êtes-vous dans vos interrogations sur le fait de retourner travailler ? On passe à la partie suivante ?

# JE NE CHOISIS PLUS, JE DÉCIDE

Revenir au travail… la ou le même en mieux ! Selon Yvonne Knibiehler[14] : « Mettre au monde des enfants n'est pas seulement un épanouissement charnel, cela provoque aussi la maturation des capacités, y compris professionnelles ». Ne revenez pas au travail avec l'étiquette de celle ou celui qui a eu un enfant, mais revenez, vous, avec tout ce que vous êtes, et notamment cette nouvelle énergie qui vous booste. C'est maintenant que vous allez décider de transformer le temps en allié, car cela vous rendra plus efficace, au profit de votre harmonie personnelle et professionnelle.

## MIEUX GÉRER MON TEMPS POUR ARTICULER VIE PARENTALE ET PROFESSIONNELLE

Le temps file à toute allure, il peut être subi pour nombre d'entre nous. Comment transformer le temps contraint en allié ? Avant de lire cette partie, je vous invite à repenser à vos gros cailloux (voir page 40), et à ne jamais perdre le sens du « pourquoi je souhaite avoir une gestion du temps optimale ? »

### Organiser mes temps de vie

Dans votre course quotidienne, il peut vous arriver de faire machinalement un tas de choses que vous jugez importantes et utiles, mais prenez-vous le temps de vous demander si toutes ces choses ont vraiment un sens, dans vos priorités ? Peut-être que la fameuse *to-do list* pourrait être remplacée par la *to-think list* ? Qu'en pensez-vous ? Êtes-vous prêt à construire votre feuille de route et à prendre la main sur la gestion de votre temps ?

14. Universitaire, historienne et essayiste française.

## Mon point coaching

*Avant de vous livrer mes outils, je vous propose de commencer par un petit exercice :*
*Coloriez le schéma ci-dessous ou prenez une feuille et partagez-la en deux. Dessinez ensuite, sur la partie gauche, vos sphères (cercles) de temps de vie, en représentant la place qu'elles prennent sur une semaine type. Chaque cercle de taille différente représente ainsi vos temps de vie :*

- *personnel : vous ! lecture, hobbies, sorties…*
- *physiologique : rendez-vous chez le médecin, sommeil, alimentation…*
- *professionnel : temps de trajet compris…*
- *parental : jeux, devoirs, repas…*
- *domestique : courses, repassage, ménage…*

*Sur la partie de droite, imaginez que vous avez une baguette magique et dessinez la taille des sphères que vous souhaiteriez réduire ou agrandir dans votre monde idéal. Bravo ! vous avez ainsi votre boussole pour découvrir mes trucs et astuces, à votre rythme. L'important étant de faire un petit pas, puis un autre, et surtout d'avoir en tête son idéal de sphère (pour préserver ses gros cailloux !).*

### SPHÈRES DE TEMPS DE VIE

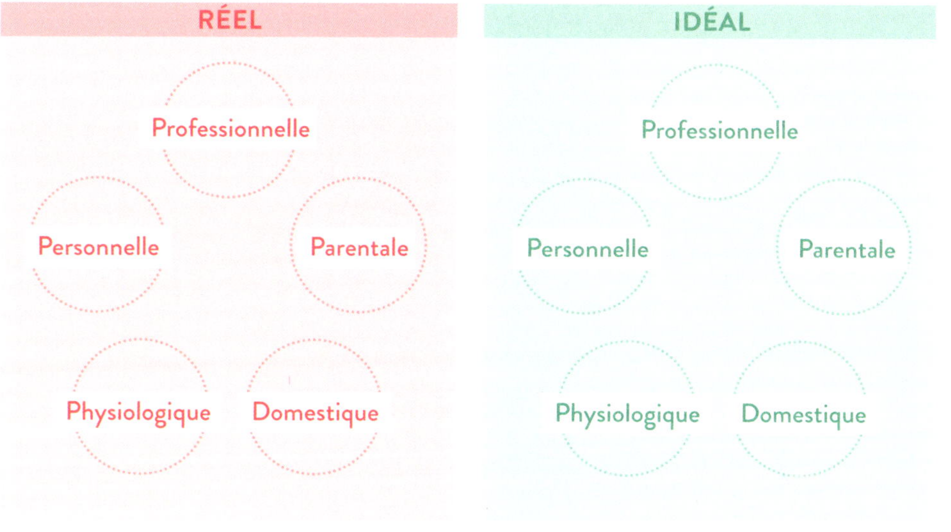

> ***Astuce Tête***
> *Prendre conscience des différents temps qui rythment votre vie et réfléchir à la façon dont vous pourriez faire évoluer votre rapport au temps est déjà un premier pas… à condition d'être pragmatique !*

### *La méthode Einsenhower*

Rappelez-vous l'expérience avec les gros cailloux (voir page 40)… Pourquoi ne pouvons-nous pas tout mettre dans le bocal ? Parce qu'il faut « prioriser» ! Pour préserver vos gros cailloux, la méthode Einsenhower peut être appliquée aussi bien dans votre sphère personnelle que professionnelle.

MATRICE D'EISENHOWER

| | URGENT<br>Tâches à traiter en priorité,<br>à faire soi-même : | PAS URGENT<br>Tâches à traiter rapidement<br>(peuvent être déléguées) : |
|---|---|---|
| IMPORTANT | • ..........<br>• ..........<br>• ..........<br>• ..........<br>• ..........<br>• .......... | • ..........<br>• ..........<br>• ..........<br>• ..........<br>• ..........<br>• .......... |
| | Tâches qui peuvent attendre : | Tâches inutiles, à supprimer : |
| PAS IMPORTANT | • ..........<br>• ..........<br>• ..........<br>• ..........<br>• ..........<br>• .......... | • ..........<br>• ..........<br>• ..........<br>• ..........<br>• ..........<br>• .......... |

L'histoire qui suit permet de comprendre que tout n'est pas urgent et important ! Dwight David Eisenhower (1890-1969) fut le général de l'Armée américaine durant la Seconde Guerre mondiale, commandant en chef des forces alliées en Europe, ainsi que le 34e président des États-Unis d'Amérique. Sa capacité à décider, trancher, déléguer était légendaire. L'histoire montre l'efficacité de ses décisions, notamment lors du débarquement en Normandie. Imaginez-vous la veille de l'événement… il devait certainement se dire que tout était important et urgent ! Il fallait créer des ports qui n'existaient pas, gérer des populations (anglaises, américaines, françaises, canadiennes…) ayant un langage et une culture différentes, sans compter la coordination de la Marine, de l'Armée de terre, mais aussi des avions, des planeurs… Bref, vous pouvez imaginer qu'une méthode pour gérer les priorités était nécessaire ! Eisenhower a créé cette matrice pour avoir cette réflexion avant chaque action : est-ce urgent ? important ? que faut-il déléguer ? que faut-il supprimer ?

## Mon point coaching

*Remplissez le tableau (voir page 110) ou reproduisez-le sur une feuille vierge et insérez vos tâches quotidiennes, professionnelles et personnelles. Afin de définir vos critères de classement, voici les questions à vous poser :*

- *Quelles tâches entrent dans mes attributions professionnelles/personnelles ?*
- *Quelle est ma véritable valeur ajoutée ?*
- *Qu'est-ce que je risque si je ne les accomplis pas ?*
- *Qu'est-ce que je gagne si je les réalise ?*
- *Est-ce une opportunité de les faire maintenant ?*

*Ces questions vous permettront de bien déterminer ce qui relève de l'urgent et de l'important.*

| | URGENT | PAS URGENT |
|---|---|---|
| IMPORTANT | • Faire à manger<br>• Aller aux réunions d'équipe<br>• Lire ses mails<br>• Gérer les imprévus<br>• … | • Payer ses impôts<br>• Organiser les vacances<br>• Inscrire ses enfants au centre de loisirs<br>• Lire la presse, LinkedIn…<br>• Renégocier son éventuel prêt |
| PAS IMPORTANT | • Assister à l'ensemble des réunions<br>• Faire tous les comptes-rendus<br>• Organiser les pots des collègues<br>• Répondre à tous ses mails<br>• Faire le ménage<br>• … | • Faire le repassage<br>• Classer ses mails<br>• Préparer de délicieux dîners tous les soirs<br>• Donner le bain aux enfants tous les soirs<br>• … |

**Je vous propose quelques pistes dans le modèle ci-dessus ; libre à vous de classer autrement les tâches listées. L'essentiel, c'est que vous puissiez prendre le recul nécessaire pour effectuer ce classement.**

### *Mon défi*

*Éliminez au minimum 20 % des tâches que vous considérez importantes/urgentes. Puis rangez-les dans « pas importantes/pas urgentes ». L'idée est de savoir supprimer certaines tâches ou d'en déléguer, pour préserver vos gros cailloux !*

### *La loi Pareto*

Dans la continuité d'Eisenhower, la loi Pareto ou du 20/80 peut vous aider. On peut la résumer ainsi : « Focalise-toi sur l'essentiel et arrête de chercher la perfection ». Cette loi s'inspire des théories de l'économiste italien Vilfredo Pareto (1848-1923) qui a formulé, en 1906, le constat suivant : 80 % des richesses sont détenues par 20 % de la population.

Cette loi est devenue empirique et se vérifie dans tous les domaines. Cela se traduit dans le monde de l'entreprise par « 20 % du travail effectué peut produire 80 % des résultats ».

**Attention au perfectionnisme** ! Il vaut mieux un travail fait dans les temps qu'un travail parfait. Laisser plutôt la place à la gestion des imprévus – à intégrer dans votre liste : « Prévoir les imprévus » – dans votre emploi du temps vous permettra ainsi de diminuer le stress.

**Astuce Tête**

*Commencez votre journée en vous concentrant sur les 20 % qui produisent 80 % de vos résultats. Évitez de commencer votre journée par la lecture de vos mails ou par surfer sur Internet.*

## Savoir dire « non »

Pourquoi savoir dire « non » ? Tout simplement pour pouvoir dire « oui » à ce que vous choisissez, VOUS ! Et aussi pour valoriser votre « oui » ! Sinon, à force de dire « oui », tout le monde considère qu'il est tout à fait normal que vous acceptiez tout... Mais au détriment de quoi ?

### Mon point coaching

*Pensez à un « non » que vous n'avez pas encore osé exprimer ou que vous n'avez pas encore réussi à dire sans vous sentir coupable. Osez expérimenter la méthode ci-après !*

### Le refus diplomatique

Ce n'est jamais facile de dire « non », mais en suivant ce modèle, vous pourrez vous entraîner au refus dit « diplomatique », sans heurter personne :

- **A**ccueillir la demande : reformuler !
- **C**adrer, écouter, questionner.
- **C**larifier l'enjeu et l'impact.
- **O**ser exprimer ses regrets.
- **R**éorienter la demande, proposer une alternative.
- **D**ire « merci d'avoir pensé à moi »...

Voici quelques formulations qui vous aideront à dire non :
« Quand vous me demandez de... »
« D'un côté j'ai envie de... vous aider, vous faire plaisir... »
« Je me sens partagé·e... »
« Et en même temps, il est important pour moi de... »
« Oui, si... »

**EXEMPLE :** Il est tard, votre journée était fatigante, vous n'avez qu'une envie, c'est de lire une histoire à votre petit, puis d'aller vous coucher. Votre manager vous envoie un mail (que vous n'auriez pas dû lire !) pour vous demander d'assister à une réunion le surlendemain, à 8h. Cette réunion dure trois heures. Le lendemain matin, vous avez décidé d'expérimenter le modèle exposé ci-dessus, car vous estimez que votre présence n'a pas de valeur ajoutée, vous préférez gérer vos dossiers prioritaires :

- Devant votre responsable, vous reformulez la demande comme suit : « Hier, j'ai bien reçu ton mail me demandant d'assister à la réunion *xx* demain de 8 h à 11 h, je n'ai pas encore reçu l'ordre du jour, je souhaiterais savoir : de quoi s'agit-il exactement ? »
- Posez un silence et laissez-lui le temps de répondre, surtout.
- Ensuite, demandez-lui : « Quel est l'enjeu de cette réunion ? »
- Vous reformulez la réponse, puis vous pouvez continuer à essayer de clarifier le contexte, en demandant par exemple : « Qui sera présent ? », etc.
- Après avoir clarifié le contexte, posez des silences, cela vous permettra d'avoir la bonne stratégie pour pouvoir répondre : « Je me sens partagé, car je comprends que tu souhaites que je sois présent·e à cette réunion dont l'enjeu est... (reformulez mots pour mots), en même temps, il est important pour moi de terminer le dossier *X* dont l'enjeu est de *XX* milles euros.
- Silence...
- Si aucune alternative n'est posée par votre interlocuteur, à vous d'en proposer une comme par exemple : « Je te propose d'assister à la première partie de cette réunion, afin de représenter notre direction sur ce point majeur, ensuite je préfère terminer le dossier X à fort enjeu pour notre service. »

### Astuce Cœur pour votre ancrage

*Pensez à un « non » réussi et dont vous êtes très fier·e, essayez de garder cette image en tête pour oser renouveler l'expérience.*
*Pour ma part, je me souviens avoir proposé de n'assister qu'à la première partie de mon « Codir » (Comité de Direction) et de ne rester que de 9 h à 9 h 30 au lieu de 12 h. À ma grande surprise, on m'a dit « merci » lorsque je suis partie. Je pense que l'alternative que j'avais osé proposer m'a permis de gagner en posture.*

Savoir dire « non » est le premier pas vers votre « oui ». Savoir dire « non » vous permettra également de vous faire respecter. Ainsi, vos gros cailloux seront préservés et votre temps de vie idéal commencera à s'amplifier !

### Mon point coaching

*Pour certains, le travail de coaching consiste à réussir à s'accorder du temps, car ils se sont sacrifiés, voire oubliés au profit d'autres, et ils découvrent que cela ne les a pas rendus heureux. Ils cherchent à se défaire de leurs habitudes, afin de se respecter davantage et de s'affirmer. Leur défi : savoir dire « non » !*

## Savoir dire « oui »

Je ne pouvais pas évoquer le « savoir dire non » sans vous parler également du « savoir dire oui ». Il est important de savoir « prioriser », de protéger sa « stratégie temps »... Mais tout ne peut pas toujours reposer sur vos épaules, alors sachez également accepter, simplement, quand on vous propose de l'aide. Un proverbe africain dit qu'il faut tout un village pour éduquer un enfant. Ayez l'intelligence et l'humilité d'accepter l'aide de votre belle-mère, votre sœur, vos amis ou vos collègues. Accepter l'aide d'autrui, c'est faire preuve aussi d'une grande générosité.

Osez le OUI ! Osez recevoir, il s'agit de votre puissance féminine, ne l'oubliez pas (voir page 49) ! Lorsque vous décidez de dire « oui », les conditions sont à poser, afin notamment de préserver votre harmonie familiale.

**→ EN PRATIQUE :** Vous avez dit « oui », vous avez accepté de rendre service… Restez le maître du jeu : c'est vous qui décidez quand, comment et le temps que ce service vous prendra.

**EXEMPLE :** Vous avez une expertise dans les ressources humaines, votre ami vous demande des conseils sur son CV (ce qui vous flatte un peu) et il vous propose un créneau par mail pour en parler. Ne perdez pas de temps à lui répondre. Lorsque vous serez disponible et que vous aurez décidé de prendre le temps pour lui donner des conseils, vous l'appellerez directement.

## Savoir déléguer efficacement

Déléguer est une des clés pour un équilibre optimal. Encore faut-il vouloir, puis savoir le faire.

### Préparer mon entretien de délégation

**Astuce Cœur et Tête**

*Mon premier conseil pour bien déléguer est de valoriser la délégation en tant que telle. Lorsque vous déléguez telle tâche, pensez à la préparer en amont. Il faut d'abord officialiser la délégation avec un « entretien de délégation » !*

Voici ce qu'il faut préciser dans cet entretien (comme toujours, les plans personnel et professionnel sont liés !) :

- le périmètre de délégation : objet de la mission, objectifs à atteindre, délais ;
- le degré d'autonomie : jusqu'où le délégataire peut décider ou pas ;
- les moyens à la disposition du délégataire : budget, temps, ressources techniques et humaines, formation pour acquérir les compétences nécessaires à la tâche, etc. ;
- le mode d'accompagnement et les points de contrôle.

**À SAVOIR :** Celui qui délègue s'interdit toute ingérence. Et n'oubliez pas de mettre les formes lorsqu'il s'agit de votre belle-mère, par exemple, et faites-lui confiance !

**Sophie** : « Il était 18 h 30 et ma nourrice n'était toujours pas revenue avec les enfants, je ne comprenais pas pourquoi, moi, l'organisatrice, selon Herrmann, j'étais donc très stressée. Lorsque cette dernière est revenue, elle m'a simplement dit qu'elle avait fait un petit détour pour acheter du lait pour les enfants, j'étais folle de rage ! »

Sophie n'avait sans doute pas été suffisamment précise sur le degré d'autonomie de sa nourrice !

→ **EN PRATIQUE :** Lorsque vous recrutez une étudiante ou une nourrice, précisez son périmètre d'action, autonomie, moyens, etc. Au niveau professionnel, préparez en amont votre délégation à votre stagiaire ou à votre équipe.

**ASTUCE :** En toute bienveillance, faites reformuler au délégataire ce qu'il a compris. Cela permettra de rassurer les deux parties et d'éviter toute interprétation ou malentendu.

### *Répartir clairement les tâches avec ma moitié*

Pendant votre congé maternité ou parental, votre moitié s'était sans doute habituée à une répartition « naturelle » des tâches avec une mère ou un père au foyer qui « gérait » tâches ménagères et bébé. Maintenant que vous avez décidé de retourner travailler, il est temps de refaire un point et de définir les règles de « bon fonctionnement avec votre conjoint·e ! »

**Laetitia** : « Les règles qui ont été définies avec mon conjoint fixent qui récupère les enfants, qui fait le petit déjeuner, qui s'occupe des courses. Cela évite d'arriver excédé·e au bureau avec 30 minutes de retard et de s'empoisonner la journée. »

Il est important de formaliser cette répartition des tâches avec votre partenaire pour que les choses soient bien claires dès le départ. De plus, cela valorise le rôle de chacun.

### Astuce Tête

*N'oubliez pas de prendre le temps de « bien » déléguer, soyez le plus précise possible et, surtout, ne vous mettez pas en posture de « donneur de leçon ».*
*Téléchargez le modèle ci-contre et réalisez votre planning « Qui fait quoi », affichez-le sur votre réfrigérateur, photographiez-le avec votre téléphone... et celui de votre conjoint·e !*

**ATTENTION :** Peu importe que ce soit vous, votre partenaire ou une tierce personne qui apparaisse le plus souvent sur votre planning. L'important est que vous ayez une vue d'ensemble sur les tâches de votre quotidien. Votre matrice Eisenhower (voir page 110) vous permettra ensuite de classer ces différentes tâches par priorité !

### Astuce Tête

*Pensez au télétravail, très présent aujourd'hui, si cela est possible dans votre entreprise (voir page 66). Cela vous permettra de vivre à contretemps certains jours de la semaine et surtout de gagner en efficacité et en sérénité. Faites-vous confiance ! Actualisez vos messageries pour informer votre environnement professionnel et personnel de vos disponibilités.*

Le temps de transport pour vous rendre à votre bureau (et en revenir !) est crucial pour votre équilibre. Certains font le choix de rester au plus près de leur entreprise pour gagner du temps. Suivant la situation de l'entreprise, cela peut être une bonne option. Le budget qu'ils auront décidé de consacrer à leur logement sera alors un facteur déterminant, de même que l'environnement dans lequel ils trouveront leur équilibre. D'autres préfèrent passer 2 heures dans les transports et vivre dans un environnement qu'ils ont vraiment choisi… c'est une décision tout aussi respectable !

Et pourquoi ne pas « couper la poire en deux », comme Agnès, qui nous livre un bel exemple de ce fameux « vivre à contretemps » ?

**Agnès** : « J'ai finalement choisi de vivre près de mon travail, car je ne supportais plus le stress des embouteillages. Mon logement actuel est loin d'être spacieux et n'est pas du tout situé au milieu d'espaces verts, pourtant ma vie de famille n'a jamais été si heureuse ! Cerise sur le gâteau, maintenant que je sais qu'il faut que je sois près de mon travail pour vivre en toute harmonie, je viens justement de trouver une petite maison au vert pour le week-end… À 1 h 30 de mon logement ! Et même si tout le monde me dit que je suis folle, j'y trouve mon compte et mes enfants aussi ! »

## Quelques idées de grands penseurs et économistes

Voici un florilège de lois sur le temps, comme source d'inspiration ; prenez celles qui vous conviennent le mieux. Ce qui importe le plus dans cet exercice : faire un petit pas, rompre avec ses habitudes, essayer quelque chose de nouveau !

### Loi d'Illich : « fais des breaks ! »

Ivan Illich, penseur autrichien (1926-2002), a énoncé la loi du rendement au bureau : « Au-delà d'une certaine durée, on devient moins productif, voire contre-productif. » La concentration optimale durerait en moyenne 45 minutes.

**Astuce Corps**

*Évitez le sandwich devant votre écran sur le temps du déjeuner et prévoyez des blocs de travail continu de 90 minutes.*

## Mon point coaching

*Quelle serait la pause qui vous ressourcerait le plus ? Sport, musique, thé ou café en solo ou en groupe ? Pour prendre cette pause, quel serait le meilleur moment de la journée pour vous ?*

**Franck** : « Comme je n'avais plus le temps de faire de sport après mon travail, j'ai décidé d'organiser une sortie hebdomadaire de footing entre 12 h et 14 h avec mes collègues sportives. Grâce à l'effet de groupe, je ne la manque presque jamais et l'effet sur mon efficacité l'après-midi est immédiat, car je me suis vidé la tête pendant la séance. En plus, j'ai développé mon réseau professionnel grâce à ces sorties "extra pro" : malgré l'arrivée de nouvelles recrues, les niveaux hiérarchiques s'effacent face à la course ! »

Cette loi d'Illich est vraiment d'actualité : savoir faire des pauses, se ressourcer, dormir… sont désormais des compétences ! Des formations sur la gestion des énergies se développent car le besoin existe réellement ! En effet, il devient de plus en plus difficile de ne pas tomber dans l'engrenage de cette course qui ne s'arrête plus… Céline Robineau, une coach *bboosstt* spécialisée dans l'EFT (*Emotional Freedom Techniques*)[15] a d'ailleurs développé des ateliers pour recharger ses batteries mentales, physiques et émotionnelles. Voici ce qu'elle nous conseille.

15. www.celinerobineaucoach.com/particulier

**La pemière chose est d'être à l'écoute de soi, de se connaître**

## *Mon point coaching*

*Comment sont mes batteries aujourd'hui ? Sur une échelle de 1 à 10 (1 étant la moins bonne satisfaction), je suis capable d'identifier à combien sont mes batteries.*

Prenons l'exemple de Stéphanie qui a peu dormi ces derniers jours à cause du stress lié à une nouvelle prise de poste :

- **Au niveau Tête,** je suis à 7/10. J'ai plein de choses en tête, mais je suis au clair sur les attentes du poste. Malgré tout, plein de pensées tournent dans ma tête lorsque je me couche. Comment l'équipe va-t-elle m'accueillir ? Est-ce que la mission correspond à la fiche de poste ? Ne vais-je pas regretter mon ancien poste ?
- **Au niveau Cœur,** je suis à 6/10, j'ai un peu peur de ne pas être à la hauteur, je suis stressée à l'idée d'apporter ma nouvelle vision dans un service assez ancien et, en même temps, je suis excitée par ce nouveau défi.
- **Au niveau Corps,** je suis à 3/10. J'ai mal dormi ces derniers temps à cause des cauchemars de ma petite dernière qui me réveille. Par conséquent, je ne suis pas la plus agréable avec mon conjoint et mes enfants.

**La deuxième chose est de connaître ce qui me ressource**

De quoi ai-je besoin pour me sentir mieux ?

## *Astuces Tête/Cœur/Corps*

***Au niveau Corps :*** *pour récupérer, j'ai besoin de me coucher tôt avec une tisane et un bon bouquin un soir par semaine.*

***Au niveau Tête :*** *pour évacuer ces questions, je vais mettre sur papier ce qui se passe dans ma tête avant de me coucher.*

***Au niveau Cœur :*** *je vais parler avec mon ami Laurent, qui vient de changer de poste aussi, pour avoir son soutien et son ressenti.*

Nous sommes tous différents et n'avons pas tous les mêmes besoins ni les mêmes ressources. De plus, chaque jour, nos besoins et envies peuvent varier. Aussi il est très important de faire cette exploration de nous-même, afin de planifier dans notre agenda des « rendez-vous ressources ». Qui d'autre que vous peut vous aider à retrouver votre énergie ? Personne !

Certains d'entre vous trouveront cela « égocentrique », « égoïste », « superficiel », etc. Pourtant, avez-vous remarqué le bienfait des personnes qui sont joyeuses autour de vous, en énergie, alignées, confiantes ?

À l'inverse, avez-vous observé l'énergie qui se dégage des personnes en colère, fatiguées, tristes ? Quelle catégorie de personnes vous inspire le plus ? Je suis convaincue que prendre soin de nous permet de prendre soin des autres avec plus de justesse.

## Mon point coaching

*1. Lister dans trois colonnes tête/cœur/corps ce qui vous ressource au quotidien, puis planifiez selon vos besoins.*

| **Tête :** | **Cœur :** | **Corps :** |
|---|---|---|
| Lire le livre *Vie pro, vie perso, enfin l'équilibre !* | *Sortir au restaurant avec son meilleur ami* | *Danser !* |

*2. Télécharger l'application mobile Respirelax pour faire de la cohérence cardiaque : un exercice de respiration très puissant à utiliser au quotidien n'importe où et n'importe quand (idéalement 5 min 3 fois par jour). Il permet de mieux gérer son stress.*
*3. Trouver une activité physique (30 min par jour) qui vous donne du plaisir, afin de recharger vos batteries cœur ET corps simultanément (exemple : une marche avec un ami ou un collègue plutôt qu'assis à une terrasse ou un bureau).*
*4. Limiter voire supprimer le sucre et l'alcool quelques jours d'affilée dans les périodes de baisse d'énergie. Privilégier au contraire les fruits et légumes frais du marché.*

### *Loi de Murphy : « garde du temps pour l'imprévu »*

Edward Aloysius Murphy (1918-1990), ingénieur américain en aérospatiale, a effectué de nombreuses expériences relatives aux effets de la décélération sur l'humain pendant un crash. Lors d'une de ces expériences, le hasard a voulu que tous les capteurs aient été montés à l'envers, d'où le constat : « Une tâche prendra toujours plus de temps qu'on ne l'imagine. Et ce qui peut mal tourner tournera mal. »

**Astuce Tête**

*Faites de la « paranoïa intelligente », dès que c'est important pour vous. N'enchaînez pas les rendez-vous dans votre agenda, prévoyez un battement entre chaque, prenez un rendez-vous avec... vous-même ! Prévoyez du temps supplémentaire pour les tâches à accomplir, surtout si vous ne les maîtrisez pas encore.*

**Mon point coaching**

*Pensez à votre matrice Eisenhower (voir page 110) et intégrez « Prévoir les imprévus » dans le « urgent/important ! ».*

### *Loi de Carlson : « limite les interruptions »*

Sune Carlson (1909-1999) a, dans les années 1950, observé l'activité de managers pour constater qu'ils étaient interrompus en moyenne toutes les 20 minutes. Il a aussi remarqué qu'il faut au moins 3 minutes de concentration avant de pouvoir reprendre et continuer une tâche.

**Astuce Tête**

*Désactivez l'alerte sonore et/ou visuelle d'arrivée d'un message dans vos boîtes mail ou téléphone et instaurez une plage horaire pendant laquelle vous répondez. Et, surtout, n'oubliez pas de communiquer celle-ci dans vos messageries !*

## *Mon défi*

*• Traitez vos mails/sms/répondeur deux fois par jour, et éteignez votre téléphone le reste du temps (ou mettez-le en mode avion).*
*• Tentez de tout couper en vacances : 1 heure, 2 heures, puis 1 jour, puis 2, vous verrez comme c'est magique !*
*Note pour vous aider à réaliser le défi : les mails sont une tentation permanente, car ils vous donnent l'illusion de contrôler la situation et de faire « quelque chose ». En réalité, ils sont une excuse pour fuir le traitement des tâches importantes (cela s'apparente aussi à de la procrastination !).*

Pour ma part, j'ai mis en place des protections afin de m'autoriser à ne plus regarder en permanence mon téléphone. Lorsque je souhaite passer du temps de qualité avec un de mes enfants, par exemple sortir faire du vélo avec lui, je ne prends plus mon téléphone avec moi, cela me permet d'être vraiment là, à 100 %. Mes batteries corps/cœur se remplissent comme par magie. Ensuite, au niveau de la tête, mes idées sont bien plus claires après cette sortie 100 % connectée avec mon enfant.

### Loi de Laborit : « fais le plus difficile en premier », « Avale ton crapaud »

Le biologiste Henri Laborit (1914-1995) a consacré sa vie à l'étude du comportement humain. Il a montré que l'homme est doté d'un programme biologique de survie qui lui permet de fuir le stress et de chercher en priorité le plaisir. C'est « la loi du moindre effort ». Le danger est de repousser sans cesse les tâches ennuyeuses et de les expédier en dernière minute.

### Astuce Cœur

*Commencez votre journée par une tâche que vous n'avez pas envie de faire, un vrai « crapaud » pour vous. Accordez-vous ensuite une récompense (une pause, une activité plus plaisante...). Vous en constaterez les bénéfices. De plus, il est prouvé qu'« avaler son crapaud » permet de libérer des endorphines et donc de diminuer le stress.*

Il existe une autre forme de procrastination qui devrait parler à un bon nombre d'entre nous. Le fait de s'activer à de multiples tâches sans grande importance, ce qui évite de penser à l'essentiel.

**EXEMPLE :** Étienne considère qu'il est « sous l'eau », car il répond à tous ses mails, au téléphone, ensuite il va chercher ses enfants chez la nourrice, puis regarde à nouveau ses mails, facebook pour se détendre. Le temps file à toute allure, bien entendu. Étienne sait pourtant que son père n'est pas très en forme en ce moment et qu'il ferait mieux d'aller le voir. Une peur, quelque chose l'en empêche, il se réfugie donc dans son quotidien et fait en sorte de ne plus avoir de temps pour faire ce qui compte le plus pour lui.

### Mon point coaching

*Qu'est ce que vous faites – qui est sans grande importance – à la place de ce qui est essentiel pour vous ? Qu'est-ce que vous décidez de ne plus faire pour avancer un petit pas vers l'essentiel ?*

Pour ma part, je me suis réfugiée vers de nombreuses occupations comme gérer les activités extrascolaires des enfants ou créer de nouveaux produits pour ma société, pourtant ma mère n'était pas bien : une sorte de dépression s'installait petit à petit. Je sentais qu'il fallait que j'aille la voir, et pourtant une sorte de déni me retenait, puis je suis passée par la colère de ne pas comprendre pourquoi elle n'allait pas bien. Et puis, un jour, j'ai accepté le fait qu'elle aussi pouvait être fragile, comme n'importe quel être humain ; j'ai alors décidé de déléguer certaines tâches que je m'imposais de faire et de prendre un vrai temps pour l'appeler chaque jour, aller la voir au minimum une fois par semaine. Depuis ce moment, je me suis sentie plus alignée.

### *Loi de Parkinson : « bannis la procrastination et accorde-toi des délais »*

Cyril Northcote Parkinson (1909-1993) a longuement étudié l'administration britannique. Il en a déduit en 1958 qu'un travail tend à se « dilater » pour occuper l'ensemble du temps disponible : si l'on dispose d'un délai important pour accomplir une tâche, on consomme la totalité du temps imparti. Cela signifie aussi que sans délai, la tâche a tendance à s'éterniser…

**Astuce Tête**

*Fixez-vous des délais réalistes et précis. Évitez le « ASAP » (as soon as possible : aussitôt que possible) ou « dans les meilleurs délais ». Fixez plutôt à 48 heures maximum les tâches que vous demandez ou celles que vous souhaitez réaliser. Ayez toujours vos objectifs en tête.*

Après avoir transformé le temps en allié en vous inspirant de nos grands penseurs, il est sans doute temps à présent de penser à plus long terme et d'oser vous mettre en visibilité maintenant !

# OSER ME METTRE EN VISIBILITÉ

Comment cela, « oser me mettre en visibilité » ? Oui je le sais, votre petite voix vous crie ou vous souffle que non, décidément, cette partie n'est pas pour vous ! Exercez-vous au « lâcher-prise » et osez vous rendre visible parce que... vous le valez bien ! Nombre de parents accompagnés par *Bboosstt* ne savaient pas quelle image ils renvoyaient avant de commencer cet accompagnement. Nombre d'entre eux s'en réjouissent maintenant. Après s'être prêtés avec surprise aux exercices qui permettent de mieux cerner l'image que l'on renvoie, ils ont compris l'importance du « paraître », qui n'enlève évidemment absolument rien à l'« être »...

## Prendre le temps d'analyser ma situation

Définir ses ambitions professionnelles et personnelles, c'est oser les communiquer !

### Mon point coaching

*Cette semaine, entraînez-vous à communiquer à toutes les personnes que vous rencontrez votre projet professionnel à 1 an, puis à 5 ans, puis à 10 ans. Ne vous mettez aucune barrière, pensez à votre baguette magique « et si tout était possible..., vous seriez... ». Entre la première annonce lundi et la dernière dimanche, est-ce que votre discours a évolué ? Et vos convictions ? Comment vous sentez-vous ?*

Se présenter autrement : savoir se présenter dans votre sphère privée comme professionnelle ne dépend finalement que de vous ! Vous constaterez que plus vous vous connaîtrez, plus votre message sera clair et l'image que vous renverrez reflétera l'état de votre propre développement personnel.

Cependant, afin de vous aider à faire votre premier « petit pas » pour vous mettre en visibilité, je vous propose cet exercice à effectuer par exemple en fin de soirée avec des amis, ou lors d'un point informel avec un collègue.

## Mon point coaching

*Présentez-vous, en 10 minutes, à votre meilleur(e) ami(e), puis à votre collègue de travail le plus proche :*
*1) indiquez vos valeurs et vos priorités dans la vie,*
*2) la compétence dont vous êtes le (ou la) plus fier (fière),*
*3) votre meilleure réussite de l'année (hors bébé),*
*4) la première image que vous pensez renvoyer aux autres*
*Ensuite, demandez-leur de restituer ce qu'ils ont compris, « entendu », et proposez d'inverser les rôles.*
***Autodebriefing** : comment vous êtes-vous présenté·e ? Étiez-vous à l'aise ? Avez-vous eu plaisir à parler de vous-même ? Qui menait cette présentation ? Qu'est-ce que vous diriez de différent si c'était à refaire ?*
***Attention** : surtout cet exercice doit être mené à un moment opportun. Il est nécessaire de préciser à votre interlocuteur que vous travaillez actuellement sur votre développement personnel et que vous souhaiteriez avoir un* feedback *sur l'image que vous renvoyez.*

# Je cultive mon leadership

Votre fameuse petite voix qui vous murmure souvent « non, vous n'allez pas y arriver » vous a certainement soufflé de ne surtout pas faire l'exercice de présentation (voir ci-dessus), car « de quoi aurez-vous l'air ? » Et pourtant, cet exercice est avant tout une prise de conscience de soi, de ce que l'on est et de ce que l'on projette. Allons un cran plus loin pour demander du *feedback* à chaque occasion.

### L'importance du feedback

Beaucoup de parents ne connaissent absolument pas l'image qu'ils renvoient et certains se trompent. Mal vous connaître ne peut que vous freiner dans votre évolution professionnelle et personnelle, alors au nom de vos gros cailloux, osez !

Astuces pour donner du *feedback* à quelqu'un :

- Utiliser « je », pas « nous », ni « on » ni « tout le monde ».
- Fournir un équilibre : points positifs et points à améliorer.
- Commencer toujours par le positif, sinon, votre interlocuteur ne retiendra que les aspects négatifs.
- Choisir un moment propice.
- Être conscient de la puissance du *feedback*.

Formules clés :

- « J'ai vu que vous avez fait ceci ou cela... »
- « Je me sens... ça me fait... »
- « Je l'interprète comme... »
- « Je propose que... »

Maintenant que vous savez donner du *feedback*, il est temps de savoir le demander !

**Astuce Tête**

*Après une présentation en comité de direction, d'équipe ou autres, n'hésitez pas à demander ce que votre voisin a pensé de votre présentation, demandez-lui d'être le plus précis possible, afin de vous aider à vous développer.*

Pour demander un *feedback*, posez des questions ouvertes comme : qu'en penses-tu ? quels sont les points positifs ? quel serait l'axe d'amélioration ? pourquoi ?...

La première clé résidera dans les silences présents après avoir posé votre question, ce qui laissera à votre interlocuteur le temps de réfléchir et de vous apporter les éléments clés pour votre développement professionnel et personnel.

L'autre clé est de savoir poser une question à la fois.

**À SAVOIR :** La recherche démontre que les gens se font une opinion des autres en 90 secondes et dans 90 % des cas. Nous sommes évalués :

- non pas sur ce que nous sommes, mais sur la perception de ce que nous semblons être ;
- non sur ce que nous disons, mais sur la façon dont c'est entendu ;
- non sur ce que nous faisons, mais sur la façon dont nous sommes perçus en le faisant.

### *Ma prise de parole en public*

**Elle est souvent assez redoutée. Vous en aurez pourtant des occasions de prendre la parole en public dans votre sphère personnelle et/ou professionnelle. Alors, si vous voulez vous mettre un peu « en danger », afin de vous développer, et si vous souhaitez vous entraîner, saisissez la moindre occasion pour parler en public, en suivant les astuces suivantes.**

### *Astuces Tête/Cœur/Corps*

*Tête : en amont, vous avez étudié votre public ou votre cible en vous demandant : « Qu'est-ce que ce public attend de ma présentation ? », « Si mon public devait retenir un seul message, quel serait-il ? »*
*Corps : le jour J, avant de partir, faites un exercice qui vous ressource, VOUS : respiration, yoga, musique, etc.*
*Tête : arrivez le plus tôt possible afin de vous assurer que la logistique fonctionne, d'installer la salle si besoin et surtout… de vous faire des « alliés » dans votre public. Allez vers les nouveaux arrivés pour les accueillir et faire connaissance avec eux.*
*Cœur : trouvez votre « brise-glace » dès la première minute pour accrocher votre public, trouvez LA phrase d'accroche, chiffres à l'appui. C'est cette phrase que le public doit retenir, votre fil rouge et vous terminerez par cette même phrase.*
*Tête : connaissez votre présentation, sans note et sans support.*
*Corps : aidez-vous du regard de votre public pour cadencer le rythme en bougeant.*
*Cœur : faites passer vos émotions, osez les exprimer tout au long de votre présentation et si vous avez le trac, dites-le !*

**Votre « fil rouge cœur »** : Dites-vous que la terre ne s'arrêtera pas de tourner si votre présentation n'est pas comme vous le souhaitez. Pensez aux personnalités connues du public qui ne cessent de parler devant des milliers de personnes, cela devrait vous aider à relativiser. Pour ma part, cette citation de Nelson Mandela m'aide beaucoup : « Je ne perds jamais, soit je gagne, soit j'apprends ».

Je terminerai par ce témoignage de nombreux parents *bboosstt* : « Lorsque je dois prendre la parole en public, je me dis toujours que je ne suis pas médecin, je ne vais pas sauver des vies », cela permet aussi de relativiser. Aussi, lorsque nous devenons parents, nous développons cette capacité de relativiser en pensant à la chance que nous avons d'avoir une famille – ce qui est l'essentiel et cela permet d'avoir un vrai socle, un ancrage pour toute épreuve professionnelle.

### *Avoir du leadership*

Vaste sujet et très à la mode... Ce livre n'a pas la prétention de traiter votre développement personnel dans sa globalité, en revanche chaque chapitre ou exercice pourra vous donner des « billes » pour vous découvrir petit à petit.

Pour moi, avoir du *leadership*, c'est tout simplement assumer d'être ce que l'on est. C'est rester vous-même, avec toute l'humanité et toutes les émotions qui vous définissent, non pas maîtriser ou imiter. Un *leader*, c'est quelqu'un qu'on a envie de suivre.

**Le *leadership* par les émotions**

**Astuce Cœur**

*Le leadership est souvent pensé avec une approche « Tête ». Et si la clé de votre leadership était plutôt dans une approche « Cœur » ? Transformez vos émotions en force et vous obtiendrez l'adhésion de vos équipes. Ces émotions, cet élan que vous avez la capacité d'insuffler, vous feront gagner en visibilité et en efficacité.*

→ **EN PRATIQUE :** Arrêtez de tourner autour du pot pour demander quelque chose. Arrêtez également de rédiger des mails à rallonge avec multiples sous-entendus, allez droit au but : sujet, verbe, complément !

### Mon point coaching

*Levez vos barrières mentales ! Combien d'entre vous ne sont pas allés postuler à un poste de management qui se libérait dans leur entreprise et qui correspondait à leurs aspirations professionnelles, parce que leur petite voix leur a murmuré : « Cela ne se fait pas de se positionner sur un tel poste, s'ils jugent que je suis compétent·e, alors ils viendront me chercher… » Ou encore parce que : « Ce n'est pas un poste pour une maman ou un papa avec un bébé ». N'écoutez plus ces règles intériorisées d'un autre âge, ni ce que pensent « les autres » mais écoutez-vous, vous ! Pesez, en adulte que vous êtes, le pour et le contre, discutez-en avec votre partenaire, et si vous en avez envie… foncez et postulez même si vous ne correspondez pas à 100 % au poste proposé !*

Pour ma part, lorsque j'ai postulé à un poste de responsable des ressources humaines – qui était finalement un poste de DRH –, je n'avais qu'1 an d'expérience en ressources humaines + 4 comme juriste en droit social. Je n'avais donc pas toute l'expérience demandée lorsque j'ai osé postuler sur un poste demandant plus de 5 ans d'expérience en RH. Pour avoir ce poste, après les entretiens, j'ai rappelé le DG pour insister sur ma motivation et ce qui m'intéressait réellement dans le fait de rejoindre cette entreprise. Quelques jours plus tard, il a accepté ! Cette expérience m'a beaucoup apporté, depuis, je me dis que tout est possible lorsque l'on est déterminé.

### Astuce Tête

*Commencez par gagner en leadership grâce à vos écrits. Avant chaque mail envoyé, assurez-vous que votre demande soit suffisamment claire pour votre interlocuteur. Faites court : sujet, verbe, complément.*

**Le *leadership*, c'est décider !**

Saviez-vous que manager c'est avant tout savoir… décider ? Gagner en *leadership*, c'est également savoir décider, trancher. Évitez le « je ne sais pas », « c'est comme tu veux », « ça m'est égal ». Comme nous l'avons vu page 21, le fait de devenir parent va développer cette compétence qui sommeille chez certains d'entre vous. Commençons par le début :

- Pour la garde de vos enfants, il a fallu trancher : que choisir, qui recruter, *quid* des horaires ?
- Les activités extrascolaires : lesquelles, quand, avec qui ?
- L'école ? quelle est la plus près de chez vous ou quelle est celle qui correspond le mieux selon vous au besoin de votre enfant ?
- Un déménagement ? si c'est le cas, à vous les prises de décisions : travaux ou non, cuisine ouverte ou fermée, couleur du papier peint, etc.

Maintenant, vous vous rendez certainement compte que décider est devenu votre quotidien. Grandissez avec cette nouvelle compétence dans votre sphère professionnelle, vous verrez, vous ne serez plus la même personne, vous serez vous-même, avec ce *leadership* qui vous est propre.

## VIVRE EN PLEINE CONSCIENCE

Devenir parent vous a permis de développer de multiples compétences, telle que l'organisation, par exemple. Le revers de la médaille est qu'un organisateur « prévoit » et donc, vous avez du mal à ne pas penser au futur pendant votre présent.

Par exemple, donner le biberon en pensant au dossier à rendre à votre N+1 et aux affaires de gym de votre aîné à préparer, c'est faire preuve de beaucoup d'organisation, certes, mais vous manquez ainsi cet instant précieux avec votre enfant, alors que vous le nourrissez, que vous êtes connecté·e à lui, observant ses sourires et le pétillement de ses yeux... Posez-vous la question : combien de fois par jour vivez-vous pleinement l'instant présent, sans que votre esprit ne se projette déjà dans la tâche prochaine ? La réponse vous fait froid dans le dos ? L'approche de la pleine conscience peut vous apporter beaucoup.

## De quoi s'agit-il ?

Vivre en pleine conscience, c'est arriver à vivre l'instant présent et arrêter de se projeter sans cesse. Commençons par tordre le cou à cette idée reçue : « Les femmes sont capables de faire plusieurs tâches à la fois, à la différence des hommes ». Une étude scientifique suédoise de 2012 a démontré que cette idée n'est absolument pas fondée ! Arrêtez de croire que téléphoner au pédiatre en faisant cuire des pâtes et en jetant un œil sur le dernier compte-rendu rapporté de votre travail est « normal, parce que vous êtes multitâches » ! Certes, vous êtes capable d'assumer toutes ces tâches, vous êtes professionnel·le de l'anticipation, mais à quel prix ? Une dépense d'énergie folle, cette désagréable sensation qui ne vous quitte jamais de ne pas arriver à vous focaliser sur un sujet, qu'il soit professionnel ou personnel, de zapper et jongler en permanence, et de ne pas vraiment profiter des choses... Bref, vous vous organisez et anticipez au prix d'un stress souvent intense. Dans un monde ultraconnecté, où tout va toujours plus vite, cette tendance à ne pas vivre le moment présent s'accentue dès la naissance des enfants.

**EXEMPLE :** L'arrivée de votre enfant est un moment unique et magique, mais il s'est transformé en mondanite car vous avez prévenu la terre entière et, à présent, tout le monde souhaite faire la connaissance de ce petit être ! Même fatigué·e, vous avez du mal à dire non...

## Mon point coaching

*Quelle tâche, quelle activité pouvez-vous « lâcher » un peu pour vivre pleinement ce qui se présente à vous ?*

## Astuce Cœur

*Prévenez votre entourage que vous préférez ne pas voir trop de monde la première semaine après la naissance de votre bébé, car vous voulez profiter de lui. Dites à tous que vous reviendrez vers eux pour leur présenter votre enfant. Ils vont insister, certains ne comprendront pas, mais à part avec vos parents, sans doute, résistez : vous vivrez beaucoup mieux ce moment unique sans texto, sans rien d'autre que vous, votre bébé et votre moitié. Saisissez cette chance pour expérimenter la pleine conscience.*

*Couper pendant une semaine à l'arrivée de votre nouveau-né, vous sentez que vous pouvez le tenter ! Mais comment réagir quand le tourbillon de la vie quotidienne vous entraînera à nouveau ? Reprise du travail, nounou, courses, devoirs, dîners avec les amis le samedi soir… Pas facile de résister… Pas facile aussi d'accepter, pour la working mum/le working dad warrior que vous êtes, qu'il y a parfois plus à gagner à prendre les choses comme elles viennent qu'à se battre contre elles, et qu'il vaut mieux se demander : « C'est ainsi, je ne peux rien y faire, alors comment vais-je cheminer avec cela ? »*

## Comment vivre en pleine conscience ?

Vivre en pleine conscience, c'est arrêter de sursolliciter son cerveau. C'est porter l'attention seulement sur l'instant présent, en se mettant à l'écoute de son corps, de sa tête et de son cœur, des sensations qui se présentent. Intégrer cette posture dans votre quotidien peut se faire pas à pas.

### Astuce Corps

*Vous sentez votre esprit en ébullition, vous pensez à plein de choses en même temps, sans arriver à vous ancrer dans le présent ? Faites redescendre la pression en vous concentrant sur votre respiration abdominale. Prenez quelques instants pour gonfler votre ventre à l'inspiration et le dégonfler à l'expiration, plusieurs fois de suite. Cette oxygénation simple mais intense de votre cerveau va calmer la tempête et vous permettre de vous recentrer et de vivre pleinement le moment présent… Si vous pratiquez ce genre de pauses respiratoires plusieurs fois par jour, votre rythme de vie changera insensiblement et il vous sera plus facile de vous concentrer sur ce que vous faites.*

*Brigitte Vaudolon[16], que j'ai sollicitée sur le sujet, a sélectionné deux applications qui vous aideront à vous oxygéner : Respirelax (vous inspirez et vous expirez en suivant visuellement une bulle qui monte et descend à l'écran) et Cardiozen (vous inspirez et vous expirez en suivant la mer dont les vagues vont et viennent le long d'une plage paradisiaque). Elles permettent toutes deux de s'entraîner à la cohérence cardiaque, de cultiver un état de bien-être serein.*

### Astuce Corps bis

*Prenez conscience de vos actions, on pourrait même dire « habitez-les » ! Au lieu de manger en pensant à votre déclaration d'impôts, mangez en prenant conscience de ce que vous êtes en train de faire : si vous mangez, mangez, et juste cela. Si vous marchez, marchez ! Cette énergie que vous emmagasinerez en reposant votre cerveau, en vous recentrant sur une seule action à la fois, vous permettra de revêtir vos différents maillots (voir page 35), avec facilité. Vous optimiserez ainsi votre temps en prenant les bonnes décisions à la lumière de votre cerveau frais et dispo. Comme le dit si bien Jon Kabat-Zinn : « On ne peut arrêter les vagues, mais on peut apprendre à surfer ».*

## Mon point coaching

*Pendant les 5 jours qui viennent, tentez de vivre en pleine conscience les moments suivants pendant quelques minutes. Adaptez bien sûr l'exercice selon votre emploi du temps et vos besoins. « En pleine conscience » signifie être pleinement à ce que vous faites, sans penser à l'instant d'après, sans Facebook et sans téléphone dans les parages !*

- *Jouer pleinement 5 minutes avec votre enfant en rentrant du travail un soir (c'est-à-dire « vraiment avec lui », non pas les yeux rivés sur votre ordinateur).*
- *Vous autoriser une courte marche autour du bureau, après le déjeuner, en vous concentrant sur vos pas et votre respiration.*
- *Dîner avec votre partenaire en ayant éteint téléphones, tablette et télévision.*
- *Prendre votre douche en vous consacrant vraiment à cette douche... l'eau qui coule sur vous, sa température, le parfum de votre savon, etc. (ce moment est un vrai défi, l'air de rien, car prendre une douche tranquille, quand on est parent, c'est « sportif » !).*
- *Si vous avez plusieurs enfants, accorder un temps de véritable écoute à chacun d'eux dans la semaine. Ne pas toujours tout faire ensemble avec les frères et sœurs, accorder du temps à chaque enfant, seul, est une des clés de l'harmonie familiale.*

### Astuce Tête

**Lorsque votre enfant vous montre son dessin, avant de lui dire machinalement « bravo, c'est bien ! », prenez le temps de regarder vraiment ce qu'il a accompli, de décrire ce que vous voyez, ce que vous ressentez, de lui poser des questions, enfin de l'interroger sur ce qu'il en pense.**

### Astuce Cœur

**Vous vous souvenez du « jeu du cœur » à faire avec chacun de vos enfants (voir page 99) ? C'est le moment d'installer ce petit rituel avec l'un d'entre eux.**

16. Positive Coach et psychologue spécialisée en *Mindfulness* et en Psychologie positive en entreprise.

### Astuce Tête/Cœur/Corps

*Pour aller encore plus loin dans la pleine conscience, la méditation est un excellent moyen de revenir sur soi et, parce qu'elle apaise, d'aller vers les autres. Posture, respiration et présence attentive à l'instant en sont les bases ; elles vous aideront à centrer vos trois batteries.*

### Mon point coaching

*Et si vous testiez la méditation ? Choisissez un endroit calme, un horaire régulier et surtout pas de défi pour commencer ! Fixez-vous 5 à 10 minutes de méditation et tenez-vous à ces 10 minutes, que ce soit agréable ou au contraire pénible (surtout au début). Détendez-vous, trouvez votre posture, gardez les yeux mi-clos et concentrez-vous sur votre souffle. Laissez vos pensées vous traverser, sans les forcer et sans les retenir.*

*Si vous craignez de ne pas y arriver seul-e, cherchez des cours et des stages près de chez vous ou en ligne.*

*• Pour vous guider dans les premiers pas de la méditation, nous aimons bien cette vidéo ultrarelaxante : « Goutte d'eau Anti-Stress Yoga », Méditation Jean-Luc Lachenaud, www.youtube.com.*

*• Allons un cran plus loin avec le scan corporel : vidéo « Scan corporel 15 minutes » par Bob Stahl et Elisha Goldstein, www.youtube.com.*

## Revenir à l'essentiel

Pour terminer ce chapitre, j'ai interrogé Brigitte Vaudolon, notre Positive Coach : comment faire quand, décidément, on a l'impression de ne pas y arriver, d'être sans cesse tiraillé·e entre notre travail et notre vie parentale, pris·e dans un tourbillon incessant ? Voici sa réponse :

« Revenir au sens de notre projet de vie, à la motivation première de ce pour quoi nous avons voulu fonder une famille est une aide précieuse.

Pour cela aussi, la méditation permet de se poser quelques instants pour relativiser les tracas quotidiens, les imperfections, les ratés dans l'organisation, mais si dérisoires à l'échelle d'une vie. Dans une vie de “Super Maman/Papa” allié·e à un·e «Super Professionnel-le», «Super Partenaire», bref super tout, nous avons beaucoup trop tendance à nous mettre nous-même une grande pression... Il est alors utile de relâcher cette pression pour gagner en sérénité et en qualité de présence pour soi-même et ceux qu'on aime !

Les plus perfectionnistes ont là un vrai défi à relever... Quelle sera ma réaction si je délègue une tâche et qu'elle est mal faite ? Pire encore, puis-je concevoir qu'une tâche ne soit pas faite ou pas entièrement ? Il ne s'agit pas là d'encourager le laxisme, il s'agit de prendre de la hauteur... »

Et Brigitte Vaudolon nous a encore livré quelques-unes de ses astuces à ce sujet :

### Astuce Tête

*Méditez cette phrase : « Le plus grand cadeau que vous puissiez faire à votre enfant, c'est vous-même[17] ! »*

### Astuce Tête/Cœur/Corps

*Pour les contrariétés rebelles aux autres techniques ou pour les perfectionnistes exacerbés... posez-vous, respirez profondément pendant quelques minutes et demandez-vous : « Quelle trace laissera cet événement (ou cette tâche pas faite ou mal faite) dans ma vie dans 10 jours, dans 1 an, dans 10 ans ? »*

### Astuce Tête/Cœur/Corps bis

*Posez-vous, respirez profondément et méditez sur ce qui est essentiel pour vous en tant que parent, et en tant que conjoint : « Quel type de relation désirez-vous nourrir ? Quel type de foyer souhaitez-vous construire ? Quels seraient les plus beaux remerciements que vous pourriez recevoir de ceux que vous aimez dans 1 an, 5 ans, 10 ans, 20 ans... ? »*

17. Citation issue de *À chaque jour ses prodiges – Être parent en pleine conscience*, Myla et Jon Kabat-Zinn, Les Arènes, 2012.

Les enfants sont sensibles à votre qualité de présence, aux moments que vous passez connecté·e à eux plutôt qu'à vos gadgets électroniques. Que diriez-vous de partager avec eux un moment de méditation ? Le livre *Sophrologie et activités ludiques* de Christelle Thirion (Mango, 2016) propose une série d'exercices de sophrologie et méditation audio et vidéo adaptés aux 3-12 ans. Voilà une bonne façon de montrer l'exemple et de développer leurs capacités à se ressourcer.

Vivre en pleine conscience est une des clés de voûte de votre équilibre entre vie professionnelle et vie personnelle. Si vous prenez réellement conscience du moment présent ici et maintenant, tout fera sens pour vous : pourquoi vous allez travailler et pourquoi vous confiez votre enfant le matin. Pourquoi vous quittez le bureau le soir, peut-être avant tous ces célibataires sans enfant, sans pourtant avoir l'impression de « prendre votre après-midi », car vous avez conscience du travail que vous avez accompli et des sourires qui vous attendent à la maison. Quand vous enfilez l'un de vos maillots, que celui-ci soit porté et assumé pleinement ! Les autres ne sont pas pour autant oubliés aux vestiaires, ils attendent juste d'être enfilés… au moment opportun, quand VOUS l'aurez choisi !

# CONCLUSION

Devenez acteur du changement que vous voulez vivre !

Vous êtes en train de terminer ce livre, et peut-être avez-vous envie d'essayer quelques-unes des astuces exposées pour conjuguer parentalité et carrière ? Peut-être avez-vous envie de solliciter un entretien avec votre manager ou de courir vous inscrire à un cours de méditation pour vous ressourcer ? Une petite voix me souffle que peut-être aussi subsiste en vous une grande interrogation : « Comment changer mes habitudes (horaires, mails, vivre à contretemps, etc.) dans un contexte qui ne dépend pas que de moi ? C'est bien joli, tout cela, mais comment arriver à jongler dans la vie réelle avec mes trois maillots ? » Bref, comment réussir à bâtir votre projet tout en gérant les affaires du quotidien ?

***Mon point coaching***

*Pour transformer concrètement votre réalité, je vous propose d'identifier le changement dont vous rêvez, qui ferait une véritable différence dans votre vie et qui ne dépend que de vous. Prenez le temps de réfléchir aux questions suivantes : « Que désirez-vous construire dans votre vie ? Au moment de quitter cette Terre, que souhaiteriez-vous que l'on retienne de vous ? Qu'est-ce qui vous apporte une réelle satisfaction ?»*

Trouver son propre équilibre de vie de parent, de femme ou d'homme, et de professionnel·le est un véritable enjeu, qui mérite des réajustements chaque jour. Ce n'est pas chose facile, je le sais et j'expérimente souvent les difficultés liées à la conciliation « vie pro/vie perso », entre ma société, mon conjoint, et mes trois enfants.

L'important est de prendre conscience de cet équilibre et de vous épanouir, vous, le parent ni parfait, ni idéal, ni ultracompétent. Soyez juste le parent « suffisamment bon » pour vos enfants… et pour vous-même !

Même si vos enfants sont la prunelle de vos yeux et que vous voulez le meilleur pour eux, j'imagine que vous ne cautionnez pas la tendance actuelle à « l'enfant roi » ? Les repas, les activités du week-end, les discussions, tout tourne autour des enfants… à tel point que les parents frôlent parfois l'épuisement. Et vous, dans tout cela, quelle est votre place en tant qu'individu ? Et la place de votre couple ?

Certes, vos enfants doivent faire de leur mieux à l'école et les activités qu'ils pratiquent doivent les aider à trouver une place socialement… Mais si vouloir le meilleur pour eux, ce n'était pas plutôt leur montrer un parent épanoui, vivant aussi pour lui-même, comme les adultes que nous souhaitons qu'ils deviennent ? Et si nous leur lâchions un peu du lest en arrêtant cette course à la perfection de « l'enfant roi », qui rend bien difficile tout équilibre ?

Le sujet de la conciliation entre vie professionnelle et vie personnelle est un sujet qui intéresse les médias, les politiques et les entreprises depuis quelques années. Je ne peux d'ailleurs conclure ce livre sans saluer, ici, le travail formidable réalisé par des associations, comme par exemple Maman Travaille, fondée par Marlène Schiappa, pour que cette réalité soit enfin prise en considération. Jérôme Ballarin, qui a fondé l'Observatoire de l'équilibre des temps et de la parentalité, contribue également à faire avancer ces questions.

Ce sujet a encore besoin de vous – ses meilleurs porte-parole ! – pour que les choses changent durablement.

Parlez de la façon dont vous avez créé votre équilibre autour de vous. Discutez ouvertement avec votre manager de vos difficultés et des solutions que vous mettez en place pour être un·e professionnel·le efficace, rencontrez votre DRH, offrez-lui ce livre et, pourquoi ne pas lui donner le contact de *Bboosstt* (www.bboosstt.fr), s'il ne l'a pas encore ? Plus vous aborderez cette thématique au sein de vos entreprises, plus vous interpellerez nos politiques sur l'importance de l'équilibre vie professionnelle/personnelle et plus il deviendra naturel pour la société de s'y pencher, dans son ensemble, sans qu'elle repose uniquement sur les épaules des parents actifs.

Impliquer votre conjoint·e pour qu'il (elle) aborde aussi ces questions est un bon début. Car c'est bien avec votre moitié et non contre elle, malgré elle, sans elle ou grâce à elle que vous allez pouvoir construire un équilibre durable et épanouissant pour chacun. La conciliation vie professionnelle/vie personnelle n'est pas qu'une « histoire de bonnes femmes » ! La place de l'homme prend tout son sens aujourd'hui. Je salue à cette occasion des associations telles que le média *Le Paternel*, Happy Men, qui font également avancer cette question. La prolongation du congé paternité n'est qu'un début, alors continuons à avancer dans ce sens en impliquant également le management sur ces questions !

C'est donc un grand pas qui vous attend, vous les travailleurs femmes et hommes du début du XXI$^{e}$ siècle. Cependant, en coaching, j'aime également guider mes clients vers des petits pas... à réaliser tout de suite, car le changement, il faut l'entamer dès maintenant ! N'hésitez pas à échanger vos idées, vos trucs et astuces avec vos amis et vos collègues, hommes et femmes, intégrez des réseaux, phosphorez ensemble pour permettre à tous de trouver son équilibre.

« En avant toutes ! », comme le dirait la femme d'affaire Sheryl Sandberg... en avant tous ! Soyons solidaires les uns des autres. Arrêtons les clivages « elle travaille, elle ne s'occupe pas bien de ses enfants », « il ne travaille pas, il n'a rien à faire de ses journées », « il est passé en temps partiel, il peut faire une croix sur sa carrière ». Stop aux jugements de valeur ! Respectons les choix de chacun et aidons-nous à les réaliser.

Enfin, je terminerai par une exhortation... Ne renoncez pas trop vite à vos rêves ! Vous me l'avez confié : vous avez parfois tendance à vous oublier dans le tourbillon incessant du quotidien, à oublier vos rêves aussi. Depuis combien de temps n'avez-vous pas tout simplement pris le temps de contempler un ciel étoilé, un coucher ou un lever de soleil ? Après la lecture de ce livre, j'espére que vous vous remettrez au centre de l'équilibre que vous avez choisi. Moi aussi, j'ai rêvé de créer un jour ma société… et je l'ai finalement fait ! J'ai suivi mon instinct, je me suis écoutée, j'ai écarté mes doutes et mes peurs. Une fois décidée, rien ne pouvait m'arrêter ! Alors écoutez votre petite voix : avec vos nouvelles compétences et forces de parents actifs, rien ne vous arrêtera !

Cécile : « Je ne compte même plus le nombre de personnes qui m'ont prédit qu'avec la naissance de mon troisième enfant, je pouvais faire une croix sur ma vie professionnelle. Alors oui, cela n'a pas été facile, oui il a fallu de l'énergie pour la réinventer, mais aujourd'hui j'exerce l'activité dont je rêvais : accompagner des hommes et des femmes dans leur montée en compétences professionnelles. »

Et ce livre ? J'en avais aussi rêvé… Mais il y a toujours plein de bonnes raisons pour ne pas le faire, avec, en première position : « Je n'ai pas le temps ! » Et pourtant, ce livre est là, entre vos mains… Alors, un dernier conseil, qu'il s'agisse de créer votre entreprise, d'obtenir une promotion, de changer de voie… Foncez ! Tout va se construire au fur et à mesure, votre plan d'action, votre attitude vont grandir avec vos idées et vos envies. Vos projets professionnels et personnels, quels qu'ils soient, n'attendent que vous pour naître. L'épanouissement dans lequel vous grandirez fera également grandir le cocon familial auquel vous tenez tant. C'est en cela que le paradigme vie professionnelle/vie personnelle peut être vertueux, à condition de rester maître du jeu, et en pleine conscience !

# ANNEXES
## LES CLÉS POUR UN ÉQUILIBRE OPTIMAL LORS D'UN CONGÉ MATERNITÉ OU PARENTAL

### 1 JE PROGRAMME MON DÉPART EN CONGÉ

Suite aux nombreux coachings que j'ai eu l'occasion de pratiquer pour accompagner un départ en congé maternité, des mots forts comme l'« appréhension », la « culpabilité », la « trahison », le sentiment de « dépossession de son poste » ont été posés. Concernant celles et ceux pour qui ce moment s'est plutôt bien passé, j'ai noté qu'il y avait, quand même, comme une sorte de malaise. Stop ! Dois-je rappeler que la formule consacrée est que l'on attend « un heureux événement » ?

Afin d'être bien aligné·e et centré·e sur ses trois batteries Tête/Cœur/Corps et de ne pas perdre son sourire, voici quelques clés pour organiser et vivre sereinement cette période qui précède son départ en congé maternité ou en congé parental.

Vous êtes enceinte, les trois premiers mois sont passés, vous êtes heureuse/fatiguée/en pleine forme/nauséeuse/resplendissante/pleine de boutons/avec déjà plus 3 kilos/ou au contraire ayant maigri (c'est un peu la loterie en début de grossesse...), bref ! il est temps d'annoncer votre état.

# Phase 1 : je me prépare

## Je prévois mon entretien de départ en congé

**Quel est le bon moment pour prévenir votre employeur ?**
J'avertis en premier mon manager (après le futur papa, bien sûr !).

La loi ne prévoit pas de délai légal. En clair, rien ne vous oblige à prévenir votre employeur. Mais dans la pratique, il vaut mieux révéler votre grossesse suffisamment tôt, ne serait-ce que pour bénéficier d'éventuels avantages légaux et conventionnels (aménagement de poste, par exemple), ainsi que de la protection contre le licenciement prévue par la loi.

Déclaration de grossesse

**Préparez votre « entretien d'annonce de la bonne nouvelle » avec votre manager et vos RH**
Prenez rendez-vous avec votre manager, puis vos RH, pour, dans un premier temps, leur annoncer verbalement votre grossesse. Lors de votre rendez-vous avec votre manager – dans un moment opportun –, vous pouvez lui préciser vos dates de congé maternité. Soyez au clair avec lui sur tous ces points administratifs. Évitez de faire votre annonce par courrier, surtout !

C'est également l'occasion de remettre à vos RH (en main propre, contre décharge) votre certificat médical : un écrit est toujours préférable, même si non-obligatoire. Vos RH sont désormais vos alliés, ne l'oubliez pas ! C'est aussi déjà le moment de prendre un rendez-vous avec vos RH concernant les conditions de votre départ, puis de votre retour.

**Rassurez votre manager en lui présentant des solutions pour que votre future absence se passe dans les meilleures conditions**
Connaissez-vous la pyramide de Maslow qui établit une hiérachie dans les besoins des êtres humains ? De quoi a le plus besoin un être humain après avoir satisfait ses besoins physiologiques ? De sécurité ! Alors, rassurez votre manager ! Car, sauf si c'est un psychopathe, il y a beaucoup à parier qu'il soit

content pour vous et votre famille de cette future naissance (il est peut-être lui-même aussi parent).

Mais, d'un autre côté, quand vous lui annoncez votre grossesse, lui voit surtout le projet sur lequel vous travaillez et qui ne sera peut-être pas fini à temps, les objectifs qu'il risque de ne pas atteindre, etc. Bref, il panique ! Alors rassurez-le. Dites-lui combien vous êtes heureuse de cette naissance à venir, et en quoi elle vous booste pour revenir à votre poste, après votre congé maternité. Dites lui aussi que, sauf contre-indication, vous allez travailler jusqu'à la date légale de votre départ en congé maternité. Et surtout, expliquez-lui que vous allez anticiper et organiser votre départ, de sorte que la période de votre absence se passe le mieux possible.

Cécile : « À chaque grossesse annoncée à mon manager, je suis arrivée avec des propositions d'organisation pour la période de mon absence. Même si, au final, elles n'ont pas toujours été retenues, ma direction a apprécié ma capacité d'anticipation. » Et voilà un chef déjà un peu rassuré!

**Ne vous excusez pas !**

« Je me sentais coupable vis-à-vis de mon équipe/de mon manager d'être enceinte et de les laisser avancer sur les projets sans moi », avez-vous exprimé lors de certaines journées coaching maternité. Fichue culpabilité !

Pour commencer, répétez-vous plusieurs fois chaque matin que PERSONNE n'est indispensable. Votre équipe et votre manager vont survivre sans vous quelques mois. Cela ferait bien longtemps que l'économie mondiale ne fonctionnerait plus, si à chaque départ de femme enceinte, tout s'arrêtait dans une entreprise ! Vous n'êtes ni la première, ni la dernière femme active qui part en congé maternité. S'excuser d'être enceinte, c'est la dernière des choses à faire ! Mais comment se libérer de cette sensation de culpabilité, alors ?

### Astuce Corps

*Respirez : Quand vous arrivez au bureau, toute pleine de culpabilité, respirez de manière abdominale. Inspirez profondément en rentrant le ventre (enfin, tant que vous pouvez…), puis soufflez en relâchant le ventre.*
*Effet magique : en quelques respirations, le niveau de stress baisse, votre cerveau est oxygéné, votre sentiment de culpabilité diminue et… votre bébé profite aussi de cette pause calme !*

### Astuce Tête/Cœur/Corps

*Communiquez ! Sollicitez les avis et conseils de vos collègues, conjoints, amis pour que votre période de congé se passe au mieux pour eux. Ils ont tout à y gagner. Et plus vous serez dans le concret de cette organisation avec eux, moins vous vous sentirez coupable !*

## *J'organise une passation visible et efficace de mes dossiers, j'en profite pour marquer des points !*

Le principal conseil que vous donneriez à une personne qui va partir en congé maternité, selon les résultats de mon enquête auprès des parents *bboosstt*, est d'anticiper et d'organiser une passation visible et réussie. Voici quelques astuces sur le sujet.

**Pourquoi organiser une passation ?**

Faire une passation de dossiers vous permettra d'assurer votre travail dans la continuité et de transmettre votre expérience. Cela vous donnera également l'opportunité de prendre du recul sur votre activité et de présenter à votre manager les problématiques et enjeux présents et à venir.

Julie : « Lors de ma deuxième grossesse, afin de préparer ma passation, je me suis lancée dans la rédaction de fiches expliquant le process des outils de planification de volumes de vente que j'utilisais et qu'à part moi… presque personne ne maîtrisait ! Une bonne mise à plat de ma façon de travailler et surtout, pour mon entreprise, une traçabilité appréciée. »

# SI JE NE SUIS PAS SALARIÉ·E ?

Vous êtes à votre compte, vous avez des clients qui comptent sur vous et vous ne savez pas comment leur annoncer cette si belle nouvelle, n'est-ce pas ? Eh bien, comme vos clients sont en quelque sorte vos managers, je ne peux que vous conseiller de les rassurer également ! Il est important que vous anticipiez pour avoir un relais pendant votre « absence ». Communiquez avec vos clients sur le fonctionnement que vous allez mettre en place pendant cette période. Par exemple, je ne peux pas produire mais je vous donne un contact/une ressource pour continuer : effet pro assuré, et vous fidélisez ainsi vos clients !

Une note concernant votre personne ou ressource « relais » : n'ayez pas peur que cette personne vous « remplace » ou vous fasse concurrence... Au contraire, cette personne pourra vous permettre de prendre de la hauteur sur votre activité. Écoutez votre cœur lorsque vous la choisirez et, surtout, soyez claire sur la délégation : qui, quoi, combien de temps et les points de contrôle à mettre en place (voir page 117).

Pour ma part, le congé maternité m'a permis de découvrir que je pouvais déléguer une partie de mon activité à des pro pleins de ressources et capables d'effectuer un formidable travail en mon absence ! Depuis, je sais que je peux m'appuyer sur ces personnes clés, et ainsi développer mon activité sans me concentrer uniquement sur le terrain... Merci bébé Jacques ! »

Une passation réussie permet de marquer des points auprès de sa hiérarchie. Utile pour le développement de sa carrière.

**J'organise ma « succession », temporaire ou non**
Le congé maternité est l'occasion de repenser votre organisation.

Le futur parent peut en effet saisir cette opportunité pour développer un nouveau poste. En revanche, si vous ne souhaitez pas en changer, soyez proactif dans la recherche de votre remplaçant (si c'est vous qui vous en chargez, ou soyez force de proposition si c'est du ressort de votre manager), en interne (ce qui est souvent bénéfique stratégiquement) ou en externe. Il ne faut pas oublier que c'est vous qui connaissez le mieux votre poste et, de surcroît, vous serez rassurée, car le processus sera transparent. Alors anticipez la relève et participez au recrutement du remplaçant si vous en avez un.

N'ayez crainte que votre remplaçant fasse mieux le job que vous. Tout d'abord parce que la loi impose à l'entreprise de vous rendre votre poste ou de vous donner un emploi équivalent. Et puis, si c'est le cas, réjouissez-vous et mettez plutôt en valeur auprès de vos managers le fait que vous avez fait émerger un talent dans votre entreprise… à qui il serait bon de proposer un (autre) poste…

**Je créé l'opportunité de me rendre visible**
Cette passation doit être aussi connue. Communiquez avec votre réseau : collègues, clients, et fournisseurs. Présentez-leur votre remplaçant, si vous en avez un, indiquez-leur vos dates de départ et de retour de congé.

Organiser une passation réussie demande de la réflexion et du travail. Profitez-en pour valoriser, au sein de votre équipe, votre engagement, votre savoir-faire, et votre savoir-être. Cette période peut vraiment être un tremplin vers de nouvelles responsabilités car votre manager va vous voir sous un jour nouveau. Quand je vous disais que le congé maternité pouvait être un levier de performance professionnelle….

Enfin, ce congé peut également être une belle opportunité pour votre manager de revoir l'organisation de l'équipe, le changement ; rien de tel pour dynamiser le service ! À vous de lui suggérer des évolutions pour le bien de tous ! Une maternité est une opportunité pour faire monter en compétences votre équipe !

**Je passe le flambeau**

Votre remplaçant est là, vos dossiers sont à jour et bien rangés. Et il n'arrive pas à accéder au dossier méga important pour le budget... car il lui manque le mot de passe ! Quelques formalités administratives sont nécessaires avant de partir. Notez vos mot de passe dans un fichier, faites une liste de vos contacts clé, mettez en place un planning avec les événements/*dead lines* à ne pas rater... Cerise sur le gâteau : vos mots de passe consciencieusement notés sur votre fichier vous seront très utiles à votre retour !

**SI VOUS MANAGEZ UNE ÉQUIPE :** C'est le moment de faire un point avec vos collaborateurs pour leur donner une vision sur les mois à venir et leur présenter le nouveau fonctionnement de l'équipe. Mettez en place des entretiens d'évaluation à mi-parcours pour valoriser ce qu'ils ont fait. Et surtout prenez du temps avec votre successeur pour transmettre votre savoir, vos contacts et documents.

## Phase 2 : je soigne mon image

Vous souhaitez continuer à être pris en considération par votre manager et votre équipe, et surtout pas étiqueté·e « mère ou père de famille maintenant » ? Suivez ces conseils !

### Une tenue « pro » pour être bien dans sa tête, son corps et son cœur

Rappelez-vous que l'on communique aussi une stature par son corps. Alors, surtout, gardez les joggings ou les pantalons « spécial grossesse » pour la maison, lorsque vous êtes seul·e, et continuez à vous habiller « pro », même à 7 mois de grossesse ou à votre retour de congé paternité !

**Astuce Corps**

*Pour les femmes enceintes : vous pouvez trouver de belles tenues pas forcément pour femmes enceintes. Choisissez-les deux ou trois tailles au-dessus, ce sera moins cher et très joli. N'hésitez pas à mettre en valeur votre joli ventre plutôt que de le cacher.*

### J'évite les épanchements

Puisque nous sommes en train de parler « physique », ne vous épanchez pas sur vos divers maux de grossesse ou ceux de votre femme, ou tous sujets trop personnels. En tant que professionnel·le, en situation habituelle, vous n'annoncez pas à tout le monde devant la machine à café que vous avez mal au dos, envie de vomir ou des hémorroïdes...

En plus d'agacer vos collègues, ces épanchements donneront de vous l'image d'une femme ou d'un homme dans un état de faiblesse voire de... maladie ! Ne parler que bébé ou de la fameuse question de l'allaitement à votre équipe risque aussi de vous apporter quelques déconvenues. Vos collègues ne baignent pas eux, dans un bain d'Amour, alors, restez discrets !

### *Je reste en contact !*

Je suis clair·e sur le lien que je souhaite garder avec mon entreprise pendant le congé maternité ou le congé parental.

Vous souhaitez faire un point téléphonique régulier avec votre équipe ? Soit, mais prévoyez les dates à l'avance. À ce sujet, Émilie nous a raconté qu'elle était restée en contact très régulier avec son travail pendant le congé maternité de son premier enfant, uniquement jusqu'à sa naissance. Ensuite, malgré tout ce qu'elle avait programmé et imaginé, entre la découverte de son bébé, le choc émotionnel et la fatigue, elle n'a plus du tout pensé à son travail. Elle a donc prévenu son entreprise que pendant quelques semaines, elle se concentrait désormais sur son bébé.

Un autre conseil, d'Inès : elle souhaitait recevoir ses mails pendant son congé maternité pour ne pas perdre le lien avec ses clients. Son manager n'y était pas favorable, pensant – en toute bienveillance – qu'elle devait ne pas être dérangée pendant son congé maternité. Pourtant, Inès a très mal vécu ce refus, car elle s'est sentie rejetée du système. Elle a donc rédigé un mail demandant clairement à son entreprise de bien vouloir lui laisser ses accès à son messagerie professionnelle, en précisant que c'était uniquement à sa demande.

Pour ma part, j'ai gardé le lien avec mon entreprise jusqu'à l'arrivée de mon enfant. Ensuite, j'ai voulu « couper », car je sentais que si je continuais à être « dedans » alors que j'étais « dehors », cela ne me permettrait pas de vivre pleinement cette période particulière. Cela n'a pas été simple pour mon deuxième enfant, car j'étais quasiment dépendante de mon téléphone et de mon ordinateur (voir les protections, page 66).

### Astuces Tête

- Que vous restiez en contact étroit ou pas, tenez-vous informé·e de l'actualité de votre entreprise. Cela vous évitera d'apprendre qu'elle a déménagé le jour de votre retour !
- N'oubliez pas de « re-diriger » (courrier, interlocuteurs, clients...) vers votre remplaçant si vous en avez un, et apprenez à le laisser faire... Pensez à mettre à jour votre messagerie d'absence avec vos dates de retour envisagé et le nom de votre éventuel remplaçant.
- Avant votre départ en congé, pensez aussi à programmer une date de déjeuner de retour avec votre équipe et/ou manager.

## Phase 3 : pendant le congé, je me repose

### Je m'écoute !

Toujours en lien avec l'approche Tête/Cœur/Corps !

Votre cœur bat en ce moment pour votre enfant, votre tête vous dit que votre congé maternité existe au sens médical du terme et, enfin, votre corps est suffisamment rond pour vous montrer qu'il faut vous reposer, non ? Comme c'est vous qui vous connaissez le mieux, prenez le temps d'être particulièrement à l'écoute de votre corps : vous savez quand ce sera le moment pour vous de vous reposer, et de quelle façon.

### Je « réseaute » si je le peux

- Organisez des déjeuners « utiles » et conviviaux avec de nouvelles personnes.
- Mettez à jour votre page LinkedIn (voir page 160) et postez quelques articles qui vous identifient.

Vous vous sentez prête maintenant ? Il est donc temps de trouver le meilleur mode de garde adapté à vos contraintes personnelles et professionnelles.

# EXEMPLES POUR RESTER EN CONTACT AVEC SON ENTREPRISE

Lors de mon enquête, vous m'avez confié un certain nombre d'astuces. Les voici !

- « J'ai changé le mot de passe de mon PC juste avant mon départ et je l'ai noté précieusement dans les notes de mon téléphone, pour éviter les problèmes de connexion à mon retour. » Claire
- « J'ai gardé le contact avec une de mes collègues qui s'est chargée de me faire parvenir les chèques du CE et de Noël. » Anna
- « J'ai prévenu la RH en amont pour qu'elle fasse rouvrir tous mes accès avant mon arrivée. » Alice
- « Je me suis assurée que j'aurai bien mon bureau à mon retour ou au moins un endroit pour travailler. » Estelle
- « J'ai suggéré à mon chef d'envoyer un mail de retour ("Madame X est de retour… elle va s'occuper de…") histoire de me resociabiliser avec l'entreprise et d'éviter les questions du type : "Ah ! mais tu vas faire quoi ?". » Élodie
- « Quelques jours avant de reprendre, j'ai pris un café avec des collègues pour qu'ils me racontent ce qui s'était passé et ce qui avait changé. Cela m'a fait gagner un temps précieux à mon retour. » Aurore

## ❷ QUI VA GARDER MON ENFANT ?

« J'ai trouvé la perle rare ! », « Ça y'est, j'ai décroché le Saint-Graal ! »... mais de quoi parlent ces futurs parents avec des étoiles dans les yeux et d'énormes soupirs de soulagement ? De la nounou adorable et compétente qu'ils viennent d'embaucher ou de la place en crèche qu'ils ont enfin obtenue ? Savoir qui va garder votre bébé est l'un des points qui va le plus vous préoccuper à partir du moment où vous déciderez de retourner travailler. Sachez-le, la recherche du mode de garde est loin d'être un long fleuve tranquille !

Pour ma part, j'ai été très surprise par le « casse-tête du mode de garde », alors que, pourtant, les ressources humaines, c'était mon métier. C'est en souvenir du nombre d'heures passées avec mon mari sur des tableaux Excel complexes pour essayer de calculer le salaire d'une nounou en garde partagée et de la difficulté que j'ai eue à recruter la perle rare, que j'ai décidé de vous apporter des outils de comparaison détaillés sur l'ensemble des modes de garde possibles.

Cette annexe est pensée comme une sorte de boussole pour vous guider dans cet univers hostile... Car trouver le mode de garde qui vous correspond, dans lequel votre enfant s'épanouira et en qui vous avez toute confiance, est LA clé pour une reprise du travail sereine et efficace !

### Je découvre les différents modes de garde

Anne-Sophie : « À 6 mois de grossesse, je suis allée déposer à la mairie un dossier pour obtenir une place en crèche. Là, une employée m'a fait comprendre qu'il y avait très peu de chances que je l'obtienne et que je devais penser dès à présent à un plan B. Je suis ressortie de ce rendez-vous assommée. Je n'avais aucune idée de ce que pouvait être le fameux "plan B" ! »

Si, comme Anne-Sophie, vous ne connaissez rien aux différents modes de garde existants, pas de panique et suivez le guide !

## LES MODES DE GARDE

**ACCUEIL COLLECTIF**

- Crèches municipales
- Crèches parentales
- Crèches familiales
- Crèches associatives
- Crèches d'entreprises
- Micro-crèches

**AUTRES STRUCTURES COLLECTIVES**

- Haltes-garderies
- Jardins d'enfants et maternels

**GARDE D'ENFANTS À DOMICILE**

- Auxiliaires parentales
- Structures prestataires ou mandataires
- Filles au pair

**ASSISTANT(E)S MATERNEL(LE)S**

- Agréé(e)s par le Conseil général
- Les Maisons d'assistants maternels (MAM)

### *Modes de garde collectifs*

La crèche reste le mode de garde préféré des parents… Et pourtant, peu l'obtiennent ! Selon le rapport de l'Observatoire national de la petite enfance (ONAPE) sur les modes d'accueil des 0-6 ans, « les familles continuent d'avoir une image très valorisée de la crèche par rapport à l'assistante maternelle, 79 % des familles obtiennent le mode d'accueil qu'elles souhaitent. Ainsi, 74 % des parents ont dit avoir recours à une assistante maternelle, mode d'accueil qu'ils privilégiaient, tandis que seuls 41 % de ceux qui souhaitaient confier leur enfant à une crèche ont pu le faire. »

Il existe différents types de crèches : crèche municipale, crèche familiale, crèche parentale. Sachez que pour ces trois types de structures ayant signé un contrat avec la Caisse nationale d'allocations familiales (CNAF) qui les finance, vous paierez à situation égale le même tarif, partout en France. La structure vous indiquera un tarif, en fonction du nombre d'heures de garde de votre enfant et par rapport à un barème fixé selon votre revenu (et celui de votre conjoint) et le nombre de vos enfants.

**Crèche municipale**

La crèche municipale est gérée par votre mairie. C'est une équipe pluridisciplinaire constituée de puéricultrices, d'auxiliaires de puériculture, d'agents techniques de la petite enfance, d'éducateurs de jeunes enfants, d'infirmiers et de psychomotriciens. Dans l'effectif, le rapport est d'1 personne pour 5 enfants qui ne marchent pas et d'1 pour 8 enfants qui marchent. L'amplitude horaire moyenne est de 11 h maximum (entre 7 h 30 et 19 h) en fonction des villes.

**À SAVOIR :** Surtout s'il est tout petit, il n'est pas recommandé de laisser son enfant plus de 9-10 h de suite à la crèche. La crèche est un mode de garde très stimulant et adapté aux petits, mais c'est aussi un rythme fatigant pour les enfants, entre le bruit, la valse des parents qui arrivent et repartent après avoir déposé/récupéré leur bébé, la vie en groupe, etc.

**• Comment obtenir ma place en crèche ?**

Pas de solution miracle, mais sachez tout de même que le rôle des directeurs/directrices d'établissement est important, car ils sont en général présents lors des fameuses commissions ! N'hésitez pas à entrer en contact avec le directeur/la directrice de crèche pour solliciter un entretien et vous présenter, demandez-lui si vous pouvez visiter les lieux, rencontrer des parents, heureux bénéficiaires...

Sylvie : « J'ai envoyé régulièrement une lettre de motivation à la directrice de la crèche avec une enveloppe orange pour qu'elle se souvienne bien de moi et ça a marché, car j'ai obtenu ma place en crèche ! »

Bien sûr, je ne sais pas si c'est vraiment l'enveloppe orange qui a fonctionné, mais qui ne tente rien n'a rien ! Vous trouverez ainsi un modèle de lettre de motivation (ci-contre) à adresser à la mairie pour demander une place en crèche. Je salue, à ce propos, l'initiative de Marlène Schiappa et de l'association Maman travaille : elles ont lancé le Pacte Transparence Crèches, fin 2015, afin que les municipalités publient la liste des critères d'attribution des places en crèches... Pour éviter que cela ne tienne qu'aux enveloppes orange, justement !

**• Critères de recevabilité des dossiers auprès de la mairie**

Les éléments demandés pour la constitution de votre dossier sont en général les suivants : copie du livret de famille ou acte de naissance ou certificat médical de grossesse, carte d'identité, avis d'imposition, justificatif de domicile. L'inscription s'effectue auprès de la mairie entre le cinquième et le huitième mois de grossesse, selon les villes. N'oubliez pas ensuite d'envoyer l'acte de naissance de votre enfant, afin de valider votre dossier d'inscription. En cas de refus, il est nécessaire de reconfirmer votre souhait auprès de la mairie tous les deux mois environ (avant chaque réunion de commission).

**Crèche familiale**

La garde s'effectue chez les assistantes maternelles agréées qui accueillent 1 à 4 enfants (de moins de 4 ans).

**À SAVOIR :** L'assistante maternelle agréée est, dans ce cadre, employée par la mairie, pas par vous.

Mais qu'est-ce qui différencie la crèche familiale d'une assistante maternelle classique ? La crèche familiale est placée sous la direction d'une puéricultrice, avec un médecin et des éducateurs de jeunes enfants. L'encadrement et l'accompagnement professionnels sont donc assurés par la crèche qui recrute les assistantes maternelles. L'idée, c'est une crèche « à distance », puisque les assistantes maternelles dépendent d'une crèche, mais travaillent à leur domicile. Cependant, elles se rendent une à deux fois par semaine à la crèche pour des ateliers ou moments de jeux en groupe, ce qui est un vrai plus pour vos enfants qui ont ainsi l'occasion de tester la vie en collectivité, à petites doses !

**Crèche parentale**

Il s'agit d'établissements collectifs gérés par une association de parents. Les heures d'ouverture dépendent d'une autorisation délivrée par le président du Conseil général et d'un avis de la Protection maternelle et infantile (PMI). Le nombre d'enfants gardés peut varier de 20 à 25.

Une implication importante des parents est requise : elle peut concerner la gestion comptable, la permanence avec les enfants certaines demi-journées, etc. Ayez en tête que ce mode de garde demande implication, flexibilité et organisation, avant de vous lancer. Mais partager cette expérience avec d'autres parents est aussi un excellent moyen de se faire des amis. Les subventions sont accordées par la CAF et éventuellement la mairie.

**Jardins d'enfants et jardins maternels**

L'accueil est possible à partir de 2 ans, les demandes s'effectuent auprès des mairies (sauf pour les structures privées où l'inscription se fait directement auprès de l'établissement). Les tarifications varient selon les établissements.

**Haltes-garderies**

L'accueil s'effectue à partir de 2 mois et demi, soit en accueil à temps partiel régulier, en cas d'urgence, ou à titre exceptionnel. Les demandes sont adressées en mairie ou directement auprès de l'établissement.

**→ EN PRATIQUE :** Pour les parents non salariés, la halte-garderie peut être une bonne alternative si votre emploi du temps est flexible et que vous travaillez à temps partiel.

**Crèches d'entreprise**

Les crèches d'entreprise accueillent les enfants de salariés d'entreprises. Elles peuvent être directement sur site et réservées à une seule entreprise, ou bien accueillir des enfants de salariés d'entreprises différentes. L'accès à une place est conditionné à l'accord, et bien sûr, à la participation financière de l'employeur d'un des deux parents.

On note depuis quelques années que les entreprises réservent de plus en plus de berceaux dans des crèches privées, solution plus facile à mettre en place et à gérer pour elles que la crèche d'entreprise en direct. Les critères d'attribution des places sont mis en place par l'employeur lorsqu'il s'agit d'une crèche d'entreprise, par la mairie si ce sont des places qu'elle y a réservées.

**Crèches privées**

Les crèches dites privées ont connu un fort développement ces dernières années et accueillent les enfants en bas âge selon leurs propres critères. Ces crèches sont soumises aux réglementations, normes et agréments suivis par les autres crèches en ce qui concerne le personnel et les locaux. Votre mairie peut également y réserver quelques berceaux.

Les crèches privées ont des plages horaires en général assez larges pour correspondre aux attentes et besoins des parents. Contactez directement la crèche, son gestionnaire ou votre employeur pour connaître les modalités d'inscription. Il est important de vous renseigner sur les tarifs appliqués : souvent, ces crèches sont conventionnées par la CAF et les tarifs sont ceux d'une crèche collective municipale ; mais certaines appliquent leurs tarifs librement.

Les critères d'attribution des places sont mis en place par la crèche.

### *Modes de garde individuels*

Votre enfant est gardé de manière individuelle, c'est-à-dire qu'une seule personne s'occupe de lui, mais il peut évidemment être gardé avec d'autres petits copains (jusqu'à quatre maximum du même âge) chez une assistante maternelle.

Il existe différents modes de garde individuels : l'auxiliaire parentale, l'employé·e au pair et l'assistante maternelle.

**À SAVOIR :** Pour toute question sur ces modes de garde individuels, n'hésitez pas à consulter le site de Pajemploi, www.pajemploi.urssaf.fr, qui est une vraie mine d'informations pour la rédaction des contrats, les obligations légales, le salaire minimum, etc. Et les simulateurs proposés sur ce site sont ultrapratiques pour calculer le montant de vos cotisations ou évaluer le salaire net à partir d'un salaire brut.

**Assistantes maternelles**

Les assistantes maternelles représentent le premier mode de garde en France des enfants de moins de 3 ans. Selon le baromètre de l'accueil du jeune enfant, 83 % des familles qui souhaitaient ce mode d'accueil ont finalement pu l'obtenir. La garde s'effectue au domicile de la salariée assistante maternelle.

**ATTENTION :** Lorsque vous réfléchirez à ce mode de garde, vérifiez bien les distances avec votre domicile...

Une formation est obligatoire pour les assistantes maternelles : 60 heures de formation et une journée « Premiers Secours » avant le premier accueil, ainsi que 60 heures de formation dans les 2 ans qui suivent le premier accueil.

Un contrôle est effectué par la PMI en principe une fois par an. Un agrément est délivré par le président du Conseil général. Cet agrément est délivré tous les cinq ans (les capacités et les compétences pour l'exercice de la profession d'assistante maternelle référentiel existent depuis 2012). Sont ainsi vérifiées : la santé de l'enfant ou des enfants accueillis, la maîtrise de la langue française orale et les capacités de communication et de dialogue, la disponibilité et la capacité à s'organiser et à s'adapter à des situations variées, la connaissance du métier.

Au niveau du lieu d'accueil, sont également vérifiés : l'état, les dimensions, l'aménagement, l'organisation de l'espace et sa sécurité, l'environnement, la sécurité de ses abords et son accessibilité, la présence d'animaux, les transports et les déplacements.

**Quatre enfants maximum peuvent être gardés** : une dérogation est possible si les enfants ne sont pas du même âge. Un équipement (jouets sécurisés, etc.) est obligatoire. La gestion de la nourriture est à discuter avec l'assistante maternelle : pensez à négocier la question des repas (prix, menus) ainsi que l'indemnité d'entretien (participation aux frais : électricité, chauffage, matériel, etc.).

→ **EN PRATIQUE :** Pensez à demander le plus tôt possible à votre mairie, PMI ou maison de l'enfance la liste des assistantes maternelles de votre quartier.

Prêt·e pour l'entretien ? Reportez-vous au guide d'entretien page 172 pour vous aider dans cette démarche. Et comme pour l'auxiliaire parentale (voir page 170) : quand vous avez trouvé la perle rare, signez une lettre d'engagement en attendant le contrat (modèle page 170).

Je vous propose également ci-dessous un modèle de contrat inspiré de celui proposé sur le site de Pajemploi.

Guide d'entretien assistante maternelle

Modèle lettre d'engagement CDI assistante maternelle

Modèle contrat assistante maternelle

**Auxiliaires parentales**

Laisser son enfant dormir tout son saoul le matin, quand la garde est chez vous, rentrer le soir directement dans votre maison et y trouver votre petit en pyjama... la garde à domicile apporte indéniablement beaucoup de confort. Sauf les moments dans l'année où vous devez rester en télétravail, où vous êtes vraiment malade, qu'il y a des travaux dans l'appartement de la famille avec laquelle vous partagez la garde et que vous devez passer votre journée l'oreiller sur la tête pour essayer d'étouffer les cris et rires des deux bambins gardés chez vous...

L'auxiliaire parentale ou la « nounou » est donc une garde à domicile. Le recours à une formule de garde partagée est possible, ce qui est plus avantageux financièrement.

**• Je cherche mon auxiliaire parentale**

Il n'y a pas de formation obligatoire pour une auxiliaire parentale, vous pouvez employer un proche, votre belle-mère, un membre de la famille.

Trouver son auxiliaire parentale n'est pas si simple ; vous pouvez :

- faire appel aux services en mode mandataire d'un organisme agréé par l'État (association ou entreprise), vous restez employeur ;
- faire appel à une structure prestataire qui doit disposer d'un agrément spécifique de l'État (obligatoire pour les enfants de moins de 3 ans) : le prestataire gère tout dans ce cas, jusqu'au contrat de travail ;

- ou déposer vous-même une annonce sur les sites d'annonces privées (www.bebe-nounou.com, www.particulieremploi.fr, etc.), dans votre mairie ou sur vos réseaux (MumAround.com, GensDeConfiance.fr, etc), qui présentent l'avantage de vous faire bénéficier de recommandations.

**• Je choisis de devenir parent employeur : je recrute !**

Si vous ne faites pas appel à un organisme pour vous aider et que vous choisissez de recruter vous-même votre auxiliaire parentale, je vous encourage à effectuer un petit travail en amont de tout entretien. Définissez au préalable les points suivants à propos de votre future salariée et vos besoins :

- sa fonction générale ainsi que ses différentes tâches ;
- le nombre d'enfants à garder et leur âge ;
- les horaires ;
- le salaire envisagé ;
- sa proximité géographique par rapport à votre lieu d'habitation ;
- enfin, les éléments qui vous semblent importants pour le profil recherché : son expérience, ses compétences, ses valeurs éducatives.

Une fois ce travail effectué, vous êtes prêt·e à contacter votre candidate, tout d'abord par téléphone. Pour ce premier contact : décrivez une nouvelle fois le contenu du poste, vérifiez que la nounou a bien compris les points clés (voiture ou pas, ménage ou pas, horaires, congés, salaire, etc.). Reprécisez que son travail sera déclaré.

**Astuce Cœur**

*Si votre intuition vous souffle que cette personne a passé avec succès la première étape téléphonique, alors n'oubliez pas de lui donner vos coordonnées complètes et de prendre les siennes. Demandez-lui de se munir de son CV et de ses papiers (carte d'identité ou carte de séjour, idéalement carte Vitale).*

Prête pour l'entretien ? Reportez-vous à mon guide d'entretien ci-dessous pour vous aider dans cette démarche !

Guide d'entretien garde enfants à domicile

Vous avez trouvé LA perle ? Très important : n'hésitez pas à lui demander une ou deux références que vous pouvez contacter. Et lorsque vous contacterez la famille de référence :

- Présentez-vous à l'ancien employeur. Faites-lui part de votre souhait de recruter éventuellement Mme X pour garder votre enfant, et dites-lui que dans ce cadre vous souhaitez lui poser quelques questions.
- Abordez les questions qui vous intéressent. Par exemple : dans l'ensemble, comment s'est déroulée leur collaboration ? Quels sont les points sur lesquels il a été satisfait ? A-t-il rencontré des difficultés ? Si oui, lesquelles ? Est-ce qu'il la recommande ?
- Validez avec ses anciens employeurs les informations qu'elle vous a communiquées (par exemple, si elle a dit qu'elle gardait un garçon âgé de 3 ans, posez une question ouverte du type : « Combien d'enfants gardait-elle ? », cela vous permettra de vérifier qu'elle travaillait avec une « vraie » famille).

→ **EN PRATIQUE :** Demandez à la candidate si elle a déjà rencontré d'autres familles et si elle a des questions (point bonus à toute nounou qui posera une « vraie » question sur les enfants : quel est son doudou ou sa chanson préféré, etc.).

**En cas de garde partagée** : n'oubliez pas de préparer l'arrivée de l'autre bébé ! Et ne faites pas comme moi qui n'avais même pas déplié le lit du bébé qui allait partager la garde de mon petit Jacques... Un espace dédié au compagnon de votre enfant, avec ses jouets et doudou, est important pour qu'il se sente bien chez vous (*idem* si c'est chez l'autre famille).

→ **EN PRATIQUE :** Pour les parents non salariés qui ont un emploi du temps flexible et fluctuant, ce mode de garde partagé peut vous « enfermer » dans des horaires trop stricts. La halte-garderie et le système D (c'est-à-dire demander à vos relations de garder votre enfant au cas par cas) peuvent être plus adaptés à votre vie d'entrepreneuse.

**• Je garde ma posture de parent employeur**

Votre entretien de recrutement était « parfait », très « pro » ? Il est temps de continuer dans cette belle lancée !

- **Règle n°1 :** fixez les règles dès le départ ! N'oubliez jamais que vous êtes l'employeur, même si les rapports sont quelque part « faussés » car la prunelle de vos yeux est entre les mains de votre salariée…
- **Règle n°2 :** n'oubliez pas de valoriser la fin de la période d'essai si vous êtes satisfait. C'est important pour votre nourrice et cela valorise son travail, donc son efficacité.
- **Règle n°3 :** si vous avez choisi de devenir parent employeur, conduisez-vous comme tel. Valorisez, encouragez votre auxiliaire parentale. Plus vous jouerez votre rôle d'employeur manager, plus elle aura une bonne attitude avec vous et donc avec votre enfant ! Le *feedback* (voir page 129) est capital dans la réussite de vos relations avec votre nourrice ! Il doit être donné et demandé régulièrement !

**• Mes obligations comme parent employeur**

**À SAVOIR :** La Fepem (Fédération des particuliers employeurs de France) est un très bon référent auquel vous pouvez faire appel en cas de questions juridiques un peu plus corsées.

Quel que soit votre choix, si vous devenez l'employeur de la personne qui s'occupe de votre (ou vos) enfant(s), vous devrez :

- établir un contrat de travail (modèle proposé par Pajemploi ci-contre) ;
- verser une rémunération à votre salariée ;
- respecter la réglementation du Code du travail applicable et la Convention collective nationale des salariés du particulier employeur ;
- informer votre CAF ;
- déclarer ses salaires au centre Pajemploi qui lui délivrera ses bulletins de paie. La déclaration auprès de la CAF *via* le dossier Complément libre choix du mode de garde (CMG) est obligatoire ;
- penser à la visite d'embauche. Inscrivez votre nourrice à un service interentreprises de médecine du travail dans le mois qui suit l'embauche ;
- en cas de rupture du contrat de travail, l'écrit est indispensable. Faites-vous conseiller par la Fepem.

**ATTENTION :** Officiellement, c'est l'employeur qui choisit les dates de congés payés... Dans la pratique, vous avez intérêt à vous mettre d'accord avec votre nourrice avant de signer le contrat avec elle. Légalement, les congés doivent être demandés et acceptés par écrit au moins 2 mois avant les dates des congés payés !

**Astuce Tête**

*Lorsque vous avez enfin trouvé la perle rare... Faites-lui signer une lettre d'engagement rapidement, le lendemain par exemple (modèle ci-contre) !*

Lorsque vous confiez votre petit à une nourrice, vous n'avez pas très envie d'accélérer/anticiper les démarches administratives d'une garde, car vous ne voulez pas vous projeter loin de lui... Retour d'expérience : il m'est arrivé de proposer à une nounou qui avait dit « oui » début juillet de signer son contrat fin août, sans engagement formel. Erreur ! Le 25 août, elle a appelé pour annoncer qu'elle allait travailler dans une autre famille... Je ne que peux vous recommander d'envoyer dès que possible une lettre d'engagement.

### *Employé au pair*

L'emploi au pair est une formule qui peut convenir aux familles qui ont des horaires « à rallonge » et qui ont une habitation suffisamment grande pour accueillir une tierce personne. En principe, l'employé au pair est rémunéré exclusivement en avantages en nature (logement/repas).

**À SAVOIR :** Les avantages en nature doivent être en rapport avec le travail fourni et sa valeur au moins égale au Smic (nombre d'heures travaillées multiplié par le Smic horaire) ou au minimum conventionnel.

**ATTENTION : Pensez à mettre à jour votre assurance de responsabilité civile en signalant la présence de votre employé au pair.**

→ **EN PRATIQUE :** Préparez un classeur de bord avec les informations importantes : contacts, allergies, numéros d'urgence à mettre sur le réfrigérateur.

# COMMENT PRÉVOIR L'IMPRÉVU EN CAS DE PROBLÈME ?

Voici quelques conseils en cas d'accident de parcours, car quand on devient parent, l'imprévisible est à prévoir ! Plusieurs cas peuvent se présenter :

- la cofamille a eu une place en crèche ;
- votre auxiliaire parentale tombe enceinte à son tour ou elle veut vous quitter ;
- vous souhaitez changer d'auxiliaire parentale...

Bref, c'est la panique et votre employeur, lui, est loin de se douter de tout ce qui se passe dans votre vie... Comment faire ?

La première chose que je peux vous conseiller est de remettre dans la boîte la priorité de trouver une solution pour garder votre enfant : il est temps de se donner les moyens pour gérer cette situation : pour commencer, posez quelques jours de congés !

Dans l'urgence : tournez-vous vers une agence spécialisée dans les modes de garde. « SOS nounou »/« baby relais » sont des services proposés dans certaines entreprises pour vous soulager quelques jours le temps de trouver une personne pour une plus longue durée. Ensuite, demandez de l'aide ! N'affrontez pas seul·e la situation, les pères ont bien sûr leur rôle à jouer ; à vous de vous répartir les jours de garde en attendant de trouver une solution. Revenez sur le tableau (voir page 163) pour comparer l'ensemble des solutions possibles.

## Mon point coaching

*C'est le moment de prendre du recul sur ce que vous vous voulez garder et ce que vous ne voulez plus. Réfléchissez à long terme. Osez demander de l'aide ! L'équilibre entre demander et recevoir est essentiel pour vous sentir bien. Sachez aussi qu'accepter de recevoir de l'aide rend service à ceux ou celles qui vous le proposeront. En général, les gens aiment donner, alors offrez-leur cette possibilité ! Je vous renvoie page 49.*

## Je trouve les aides adéquates

Je ne pouvais pas terminer cette partie sur les modes de garde sans vous parler du coût, car c'est un véritable sujet, et pas des moindres... Certains parents ont dû renoncer à revenir travailler car leur mode de garde leur coûtait plus cher que s'ils restaient à la maison ! Sachez qu'il y a pourtant des aides accordées par l'État (et peut-être même par votre entreprise, si vous avez de la chance).

Voici un lien utile pour avoir un récapitulatif des aides : www.caf.fr/allocataires/droits-et-prestations/s-informer-sur-les-aides/petite-enfance

## Je choisis le mode de garde qui me convient

Chaque mode de garde a ses avantages et ses inconvénients : il est avant tout utile de comparer ce qui vous conviendra le mieux ! Il faut prendre en compte la proximité du mode choisi, le coût et, surtout... écouter votre cœur de parent. S'il y a le moindre doute sur la personne ou la structure choisie, il faut changer dans les plus brefs délais, C'est une priorité !

Le bon mode de garde est avant tout un choix personnel !

## Mon défi

*Pour terminer sereinement, voici un exercice à faire en couple pour vos soirées d'hiver. Utilisez le tableau ci-dessous ou reproduisez-le. Puis récapitulez les avantages et les inconvénients selon vous des différents modes de garde : structures collective, assistante maternelle, auxiliaire parentale, et tentez de répondre. Ensuite, comparez vos réponses avec les tableaux pages 179 et 180.*

### DIFFÉRENTS MODES DE GARDE ET DISPOSITIFS OUVERTS AUX ENFANTS

| | Crèche | Crèche familiale | Assistante maternelle | Salariée sous contrat de travail avec le parent | Mise à disposition/ Prestataire |
|---|---|---|---|---|---|
| **Avantages** | | | | | |
| **Inconvénients** | | | | | |
| **Coûts moyens :** fourchette approximative pour un temps plein, en fonction des revenus du ménage, allocations Paje déduites | | | | | |

# RÉCAPITULATIF DES AVANTAGES DE CHAQUE MODE DE GARDE

| Crèche | Crèche familiale | Assistante maternelle | Salariée sous contrat de travail avec le parent | Mise à disposition/ Prestataire |
|---|---|---|---|---|
| Tarifs plus « raisonnables », en fonction des ressources : pas d'avance de frais car la subvention est versée à la crèche directement<br><br>Enfant épanoui par le contact avec les autres, activités d'éveil, sociabilité, découverte du monde<br><br>Respect des normes de sécurité<br><br>Professionnels de la petite enfance et personnel médical<br><br>Pas de soucis administratifs, pas de contrat, pas de fiches de paie, pas de relations employeur/ employé | Mixte en mode de garde individuel et mode de garde collectif<br><br>Tarifs plus « raisonnables », en fonction des ressources : pas d'avance de frais car la subvention est versée à la crèche directement<br><br>Pas de rapport d'argent direct entre l'assistante maternelle et l'employeur | Agrément de l'État : gage de professionnalisme (l'agrément donné par la PMI est valable 5 ans, renouvelables)<br><br>Contrôle de la PMI une fois par an (à se faire confirmer lors de l'inscription)<br><br>Formations obligatoires | Garde effectuée dans le cadre rassurant du domicile pour l'enfant (sauf dans le cas d'une garde partagée)<br><br>Pas de longs trajets ni d'horaires inadaptés à ceux des parents<br><br>Libre choix du recrutement, création d'emploi<br><br>Économie de la garde partagée (paiement du salaire réparti entre deux familles) | Souplesse : pas de lien contractuel de travail<br><br>Habilitation du prestataire par l'État<br><br>Garde effectuée dans le cadre connu et rassurant du domicile pour l'enfant (sauf dans le cas d'une garde partagée)<br><br>Pas de soucis administratifs, pas de contrat, pas de fiches de paie, pas de relations employeur/ employé |

## RÉCAPITULATIF DES INCONVÉNIENTS DE CHAQUE MODE DE GARDE

| Crèche | Crèche familiale | Assistante maternelle | Salariée sous contrat de travail avec le parent | Mise à disposition/ Prestataire |
|---|---|---|---|---|
| Rareté des places libres disponibles et longueur des délais d'attente pour l'inscription<br><br>Promiscuité entre les enfants : communication de maladies infectieuses<br><br>Trajet crèche-domicile<br><br>Horaires pas toujours adaptés à ceux des parents<br><br>Mode moins adapté aux enfants calmes et ayant besoin de tranquillité (plus d'enfants que chez une assistante maternelle) | Conciliation à faire (temps de travail, absence...)<br><br>Pas de choix de l'assistante maternelle<br><br>Le parent n'est pas « employeur », pas de lien hiérarchique | Multi-employeurs<br><br>Contrat à négocier<br><br>Limite du nombre d'enfants (un inconvénient pour les fratries) | Le parent est le patron, la nourrice une employée, donc gestion administrative et humaine et complexité du droit du travail<br><br>Coût salarial<br><br>Accord à trouver avec une autre famille si garde partagée<br><br>Convention collective | Prestation souvent onéreuse |

Dernière chose concernant les différentes possibilités de modes de garde : n'oublions pas **nos précieux baby-sitters** qui font le relais entre la crèche, les réunions, les sorties d'école et aussi nos dîners en couple. D'un point de vue juridique, je ne peux que vous conseiller de contractualiser un minimum dès lors qu'il y a une régularité dans les horaires et les jours de ce mode de garde.

### Astuce Cœur

*Une annonce dans votre immeuble, c'est un classique idéal pour trouver la perle des baby-sitters à proximité de chez vous.*
*Alternative intéressante pour vous aider dans cette recherche : les réseaux. Alix, qui a répondu à mon enquête, m'a conseillée le groupe Facebook Baby-Sittor et le site Gens de Confiance (www.gensdeconfiance.fr). Ils sont gratuits et leur système de parrainage rassure les utilisateurs.*

Avoir le bon mode de garde est la première clé pour un équilibre vie professionnelle/personnelle serein !

# BIBLIOGRAPHIE


### À propos des mères qui travaillent

- Giampino Sylviane, *Les mères qui travaillent sont-elles coupables ?*, Albin Michel, 2000.
- Loiseau Nathalie, *Choisissez tout*, J.-C. Lattès, 2014.
- Sandberg Sheryl, *En avant toutes*, J.-C. Lattès, 2013.
- Schiappa Marlène, *Je reprends le travail après bébé*, Tournez la page, 2012.
- Schiappa Marlène, *Les 200 Astuces de Maman travaille*, Quotidien Malin, 2013.
- Ted conférence de Cécile Schneider : www.youtube.com/watch?v=xmUhGFnhhek

### À propos des modes de garde

- Leter Laure, *Modes de garde, mode d'emploi. À qui confier mon enfant ?*, Albin Michel, 2014.
- La Fepem : www.fepem.fr.
- Pajemploi : www.pajemploi.urssaf.fr.

### À propos de la maternité

- Allenou Stéphanie, *Mère épuisée*, Les Liens qui Libèrent, 2011.
- Winnicott Donald, *La Mère suffisamment bonne*, Poche, 2006.

### À propos de la course à la perfection

- Best Claire-Marie, *Imparfaite, pourquoi pas !*, *Agir selon ses choix*, Armand Colin, 2013.

### À propos des accords toltèques

- Don Miguel Ruiz, *Les Quatre Accords toltèques*, Jouvence, 2018.
- Don Miguel Ruiz, *Le 5e Accord toltèque*, Jouvence, 2020.

### À propos de l'éducation bienveillante

- Faber Adèle et Mazlish Elaine, *Parlez pour que les enfants écoutent, écouter pour que les enfants parlent*, Éditions du Phare, 2012.

- Faber Adèle et Mazlish Elaine, *Parents épanouis, enfants épanouis*, Éditions du Phare, 2013.
- McCraith Sheila, *Parents-enfants : crier moins, s'aimer mieux*, Mango, 2015.

### À propos de l'étude sur la carrière et le conjoint

- Business.lesechos.fr, « Votre carrière dépend de… votre conjoint », par Laurent Guez, 22 février 2002.

### À propos des chiffres sur les réseaux

- Investir.lesechos.fr, « Cotations de A à Z ».

### À propos de « vivre pleinement le moment présent sans râler »

- Lewicki Christine, Leroy Florence, *J'arrête de râler sur mes enfants et mon conjoint*, Eyrolles, 2013.
- André Christophe, *Méditer jour après jour, 25 leçons pour vivre en pleine conscience*, L'Iconoclaste, 2011.
- Servan-Schreiber Florence, *3 Kifs par jour (et autres rituels recommandés par la science pour cultiver le bonheur)*, Éditions Marabout, 2011.
- Kabat-Zinn Myla et Jon, *À chaque jour ses prodiges, Être parent en pleine conscience*, Les Arènes, 2012.
- Frédéric Lenoir, *La Puissance de la joie*, Fayard, 2015.

### À propos du féminin et du masculin

- https://fabien-hernandez.fr/masculin-feminin
- https://chantalbinet.com/nouvelles/equilibrer-son-feminin-et-son-masculin

### À propos de la méditation avec ses enfants

- Snel Eline, *Calme et attentif comme une grenouille*, Les Arènes, 2012.
- Kaiser Greenland Suzan, *Un cœur tranquille et sage*, Les Arènes, 2014.
- Christelle Thirion, *Sophrologie et activités ludiques*, Mango, 2016.

### À propos de la prévention des accidents domestiques

- Le livret édité par l'Inpes : inpes.santepubliquefrance.fr/CFESBases/catalogue/pdf/978.pdf.
- Le site Accidents domestiques : www.accidents-domestiques.com.

### À propos de la gestion du temps

- Allen David, *S'organiser pour réussir : Getting Things Done*, Leduc.s, 2008.
- Covey Stephen, *Les 7 habitudes de ceux qui réalisent tout ce qu'ils entreprennent*, First, 2011.
- Delivré François, *Question de temps : un manuel de gestion du temps avec des exercices*, InterEditions, 2013.
- Pour en savoir plus : lentreprise.lexpress.fr, « Pour en finir avec le multitasking, débranchez ! », par Étienne Gless, 9 août 2013.

### À propos du massage météo et du massage à l'école

- www.misa-france.fr

### À propos de l'utilisation des écrans

- Karine Mauvilly, *Cyber-minimalisme*, Seuil, 2019.

# REMERCIEMENTS

Un immense merci à mon conjoint avec qui je suis heureuse de construire chaque jour l'harmonie « vie pro/vie perso » que j'ai choisie. Merci à ma mère et mes beaux-parents, sur qui je sais pouvoir compter pour se rendre disponibles en situation imprévue, sans jamais me sentir jugée.

Merci à mes enfants, Isaure, Achille et Jacques – sans qui ce livre n'aurait pas vu le jour –, pour l'amour, l'énergie et la force qu'ils m'apportent au quotidien.

Je remercie les parents salariés que j'ai eu la chance d'accompagner en coaching collectif ou individuel, en particulier la communauté LinkedIn de Parents *bboosstt*. Merci également aux entreprises, aux coachs bboosstt qui font confiance à *Bboosstt* et avec qui je continue de coconstruire des solutions pour répondre aux enjeux de la parentalité dans le monde professionnel d'aujourd'hui.

Je n'oublie pas ma sœur, mes amis, même s'ils sont aux quatre coins de la planète, et les remercie pour leur enthousiasme indéfectible devant mes idées et projets, ainsi que pour leur présence dans ma vie, dans les hauts comme dans les bas.

Je tiens aussi à remercier Julie Cot, mon éditrice, pour sa confiance.

Enfin, merci à Cécile, qui se reconnaîtra.

# L'AUTRICE

**Estelle Dufétel** est une maman de trois enfants âgés de 4, 8 et 10 ans. Particulièrement sensible au sujet de la conciliation vie privée/vie professionnelle, Estelle a fondé en 2014 un centre de formation et de coaching *Bboosstt* (www.bboosstt.fr) pour accompagner entreprises et salariés parents engagés dans leur carrière, à travers des programmes de coaching innovants. Son domaine de prédilection est « l'égalité professionnelle, la diversité et le bien-être au travail au service de la performance sociale et économique des entreprises ».

Entrepreneuse, Coach certifiée PCC et TTI Success Insights, conférencière, autrice, membre du Conseil d'administration ICF France, Estelle a une expérience de plus de 10 ans dans le monde de l'entreprise comme juriste, puis DRH.

# NOTES

## DANS LA MÊME COLLECTION « PARENTS AUJOURD'HUI » :

## COLLECTION « AIDER À GRANDIR »

Retrouvez-nous sur Instagram : **@mangoeditions**
et sur facebook : **@Mangofamillecomplice**

FSC www.fsc.org MIXTE Papier issu de sources responsables FSC® C007507

**Direction :** Guillaume Pô
**Direction éditoriale :** Tatiana Delesalle
**Édition :** Julie Cot
**Suivi éditorial :** Dominique Pérot-Poussielgue/Plume sur Loire
**Direction artistique :** Chloé Eve
**Mise en pages :** Élise Bonhomme
**Illustrations :** Jung Yoon Lee
**Direction de fabrication :** Thierry Dubus
**Suivi de fabrication :** Axelle Hosten

Ce livre s'inscrit dans une démarche écoresponsable. Il est composé de matériaux issus de forêts bien gérées, certifiées FSC® et d'autres sources contrôlées. Cette certification garantit une empreinte carbone réduite et une gestion raisonnée de la forêt, qui maintient la biodiversité et protège les écosystèmes. Il est imprimé avec des encres à base d'huile végétale. Il a été imaginé et conçu en France, et imprimé en Europe.

1re édition - N° d'édition : M21065
ISBN : 978-2-3170-2557-0
Code MDS : MN25570

Achevé d'imprimer en février 2021
par Graphycems en Espagne

Dépôt légal : mars 2021
www.mangoeditions.com